LA LENGUA BÍFIDA

Por Nacho Lalana Cubelos

...................., este libro está hecho por y para ti

INDICE

Prólogo   7

Capítulo 1. Primeras impresiones   11

Capítulo 2. La moral como moneda de cambio   64

Capítulo 3. ¿Qué queremos?   90

Capítulo 4. Los cuatro pilares básicos para conseguir la
estabilidad social   112

Capítulo 5. La estupidez humana contra el
racionalismo social   128

Capítulo 6. Políticos o tecnócratas   148

Capítulo 7. Conclusiones   169

PRÓLOGO

Es muy difícil relatar con todo detalle no solo los pensamientos, sino también los ideales, referencias, planteamientos y todos los cauces que de uno u otro modo me han obligado a escribir este libro. No pretendo hace una guía política ni seguir los principios que abanderan las decisiones de quienes gobiernan nuestro país con nombres y apellidos, lo único que pretendo es dejarme de convencionalismos, y crear un punto de opinión claro, sincero y real de la situación actual de España, y de las formulas que pueden llevarse a cabo para poner un poco de orden en todo este descontrol mediático y político que intoxica nuestras decisiones, intento establecer un punto de entendimiento en el que no existe la ideología política, solo el sentido común.

A algunas personas les pueden parecer un poco confusas estas líneas, pero a medida que lean el libro intentaré que esas dudas se desvanezcan, y que la incredulidad se convierta en credibilidad, que es la única moneda que hoy en día se cotiza más que cualquier cosa. Cada capítulo abarcará un aspecto de lo que yo llamo "etapa idílica", ¿no hemos soñado siempre con un mundo mejor? Pero desde que punto de vista, ¿Desde la derecha o desde la izquierda? ¿Es base a que queremos conseguir nuestros objetivos? ¿En quién debemos confiar el bienestar de España? ¿Quién nos va a dar solución a tantos y tantos problemas -que desde un tipo de vista práctico, y por qué no, espiritual y mental- nos acechan no solo desde la crisis "económica" sino desde que el hombre es hombre? ¿Cuál es el punto de inflexión entre el ciudadano de a pie y nuestros gobernantes? Estas son algunas de las cuestiones que voy a procurar esclarecer a modo siempre de opinión, y con el objetivo de abrir los ojos al ciudadano, despertarlo de ese letargo endémico, quitarle la venda de los ojos y hacer entender a la sociedad y a la ciudadanía en general, que la política es un instrumento contaminado y peor aún, que nuestros "políticos" la utilizan sin desinfectar para abrir las tripas de un país enfermo y que a sabiendas de ello actúan en consecuencia sin preocuparse no solo del momento de la operación, sino también del postoperatorio. Posiblemente con las palabras que pueda describir a lo largo de todas estas páginas, pueda originar cierta incertidumbre, duda o discordia.

Esta obra tiene un objetivo muy claro, destacar la importancia de un cambio radical en la forma de dirigir un país. Todo se resume en eso. Desde que tengo uso de razón veo constantemente todo tipo de desigualdades, injusticias, estupideces y demás recursos maléficos que lo único que han hecho es conseguir enriquecer unos y empobrecer a otros. No me considero de ningún partido ni de ninguna creencia ni nada parecido porque lo considero una solemne estupidez, solo soy un ciudadano más preocupado por el futuro de su país, un país en decadencia estructural, económica, política y con el tiempo, emocional. Lo cierto es que no debería ni siquiera haberme planteado escribir este libro, pero las circunstancias en las que vivimos me obligan necesariamente a ello, es una necesidad extrema que con mucho o poco acierto necesitaba reflejar en palabras. Estos cuatro puntos son claves, los considero pilares fundamentales de un estado de gobierno básico, pero cuando uno de esos pilares se derrumba, si no se corrige a tiempo, el edificio se viene abajo. El tema no es corregirlo sino evitarlo, y para ello hay que cambiar muchas cosas, al igual que cuando elaboramos un plan de marketing de empresa, hay que saber dónde estamos y cuando lo sepamos sabremos donde queremos ir y como conseguirlo.

Este no es un trabajo de investigación ni de estudio, es de reflexión y de opinión, de una persona como cualquier otra preocupada por el futuro -y presente- de un país que está siendo carcomido por las termitas, por los devoradores de los sueños de todo un conjunto de españoles que ven estancadas sus aspiraciones y forma de vida conviviendo con grandes males como el paro, las injusticias sociales, la eliminación de ayudas para el mantenimiento del nivel humano, la subida de impuestos... y más, mucho más que para desdicha de muchos y beneficio de otros, está a la orden del día. Desde aquí, querido lector, a través de estos siete capítulos estas invitado a conocer mis pensamientos, mis realidades y mi perspectiva de cómo dar soluciones, como plantear nuevas mejoras, como tener perspectiva de futuro, y en definitiva como mejorar no solo la estructura económica y social de España, sino también porque no... del mundo entero.

A través de 7 capítulos podrás comprobar que todo y cuanto se dice en ellos no deja de ser un compendio de ideas, de puntos de vista, de la aportación de un punto de esperanza, utópica tal vez teniendo en cuenta el panorama que uno u otro partido nos deja como herencia. En ellos también hay rabia, incertidumbre, pesadez... una serie de matices, que más allá de despejar dudas sobre quién o quienes disponen de las herramientas necesarias para el bien común y como utilizarlas, definen con pelos y señales a todos y cada uno de esos entes que detrás de una chaqueta y una corbata, así como dar algo de luz al ciudadano para que pueda ver cuales son las verdaderas intenciones de los mismos. No pretendo crear con esta obra un clima de confusión, no es mi intención, lo único que pretendo es añadir un ápice de luz con el que ver la realidad de la política española, conseguir quitarnos la máscara, y descubrir a las personas y no al os personajes, conseguir creer y vislumbrar los hechos auténticos y las verídicas intenciones de todos los políticos, intentar entender el porque se dedican a "gobernar" cuando muchos de ellos deberían dedicarse a otras cosas. Aportar alternativas de gobierno creíbles, neutras, carentes de egocentrismo, sinceras y honestas, cercanas y eficaces, carentes de idealismos e ideas vanales y prehistóricas, exaltantes en compromiso y en eficiencia. Todo esto se puede conseguir, no es dificil si se actua con sentido común y honradez, y esa es la intención de este libro, aportar un punto de vista diferente que haga ver la realidad en la que vivimos y nos haga soñar con la realidad que queremos.

Así que tú tienes la última palabra, al final de la lectura dirás si esto lo ha escrito un demente, un fumao, o alguien que sabe de lo que habla, pero lo que esta claro, es que lo ha hecho alguien con toda la libertad del mundo y aportando sus propios criterios y convicciones personales.

CAPITULO 1
Primeras impresiones

Desde que el mundo existe, muchos han sido los acontecimientos y hechos que han revolucionado el mundo, y muchos también los instrumentos con los que se ha ido desarrollando poco a poco la forma de vida de la gente. La invención de la luz, el descubrimiento de América, la teoría de la relatividad, el ferrocarril, la penicilina... todos estos han sido fundamentales para una cada vez más moderna civilización humana, y que hoy en día en pleno siglo XXI forman parte de cada uno de nosotros, porque alguien en ese momento pensó que ese descubrimiento iba a influir de manera decisiva y firme en generaciones futuras, como así ha sido y como sigue siendo. Si tomamos como punto de referencia todos estos aspectos mencionados, ¿A qué conclusión llegamos? Es sencillo. A la preocupación de todas estas personas por hacer todo lo posible por que una sociedad moderna avance con firmeza y pasos de gigante hacía una necesaria, vital y auténtica revolución industrial, política y social. Independientemente de lo que piensen, de sus valores internos, sus "ideologías" y demás convencionalismos arcaicos, si no fuera por sus descubrimientos y la entrega de conocimientos a la sociedad, hoy seguiríamos anclados en la edad de piedra. Ya en la antigua Roma, el pueblo estaba representado por senadores cuya misión era solo una: trabajar para y por el pueblo. Un pueblo que confió en esa representación de gobierno, se luchó por que Roma pudiera presumir de ser el eje central sobre el que gire todo el Imperio Romano, la envidia del mundo. Pues eso, hoy en día, y con la base política que gira sobre nuestras cabezas y nos maneja como marionetas, eso en el entorno actual en el que nos movemos, es casi una utopía. España ambiciona la recuperación no solo económica sino también personal, familiar y sobre todo la social. Pero seamos realistas, lo tenemos difícil, muy difícil y lo que es más preocupante, con pocas perspectivas de futuro no solo para nosotros, si no para nuestros hijos que son los que recogerán nuestra herencia.

Vivimos en una jungla de despropósitos, de ladrones, mangantes, listos, especuladores, y que son peores que la peor de las serpientes. Sus lenguas bífidas constantemente rastreando donde pueden dar el siguiente bocado, no dudan en engullir a sus presas sin antes darles el bocado mortal y arrebatarles su vida, para luego aprovecharlas enteras tragándoselas y, posteriormente con sus movimientos ondulatorios, despistar a toda una sociedad huyendo hasta meterse de nuevo en el agujero del que han salido. Desgraciadamente, esas serpientes que se supone extinguidas, han visto una ocasión de oro para aprovechar las necesidades de la gente para enriquecerse. Son muchos los males que atacan a la sociedad actual, tantos y de tal catadura que exponerlos aquí seria una empresa de difícil realización, pero quizás el que más azota en nuestros días a la sociedad es el de la corrupción. Y el problema que ello acarrea, arrastra al resto de problemas igual de graves que este, como es el alto índice de paro en España, las injusticias sociales, el maltrato a la ley de dependencia… Ya en la época de los egipcios se utilizaban estas herramientas de exterminio y abuso social, no es algo nuevo, la corrupción anteriormente mencionada era un juego muy extendido, se datan casos de funcionarios que hacían negocios sucios con bandas de profanadores de tumbas, y en Grecia tampoco se quedaban cortos. En el año 324 a.C. Demóstenes fue acusado de apropiarse de las sumas depositadas en la Acrópolis por el tesorero de Alejandro, y por tal hecho no se libró de una condena y obligado a huir. Otro caso es el de Pericle "el Incorruptible", que poco le duró ese apodo ya que tampoco se libró de ser acusado de haber especulado sobre los trabajos de construcción del Partenón. En la antigua Roma ya se hacían acuerdos entre diversos candidatos con el único objeto de repartirse los votos o *coitiones*, al igual que la figura del enchufe o *commendatio* para conseguir un trabajo, también existía.

La serpiente es hábil, escurridiza, camaleónica y lo peor de todo, muy peligrosa. Estas características son las que definen con más fuerza que nunca los personajes que se supone "inventan" –como hacían los verdaderos héroes- mecanismos de defensa contra los problemas y amenazas que ponen en el punto de mira la estabilidad de un país como el nuestro. Pero más allá de ponerse a trabajar para la gente, lo que les interesa es ponerse a trabajar para ellos mismos, a través de permanentes situaciones de "legítima" ilegalidad que dejan en evidencia, al igual que las serpientes cuando mudan su piel, una nueva capa que les protege gracias a los contactos, chanchullos y demás tretas villanas con tal de obtener situaciones privilegiadas para obtener puestos de importancia destacada en determinados entes, organismos, diputaciones y yendo más allá, en el gobierno del país. Si tuviéramos que remontarnos a los orígenes de la manipulación política, de la corrupción, del engaño, no tendría sitio en este estudio –ni ganas de recopilarlo todo por la tristeza que me genera-.. Casos como los de Rumasa, Filesa, Banesto, Gal han formado parte del desgraciado patrimonio político y en algunos casos criminal, de España. Pero no nos vayamos tan lejos ahora, solo poco tiempo atrás, para darnos cuenta lo que casos como Gurtel, los Bankias, los Ayalas o los Bárcenas -por nombrar los más relevantes- han hecho en la estabilidad de España, y que ha afectado a la confianza de un ya desgastado ciudadano, que ve como se van escapando las oportunidades laborales, familiares y sociales que hasta hace no muchos años hacían de España un país del que poder presumir.

España está en la cola de muchos asuntos por méritos propios, y eso es debido a la confianza que hemos depositado en todos los que se denominan "representantes políticos". Sin ir más lejos, el número de camas de hospital por habitante en España en 2014 está situado en 3,1 por cada 1000 habitantes, según un informe del Ministerio de Sanidad en este ámbito. Parece mentira que siendo sin embargo de los países que mejor Seguridad Social tiene, estemos viviendo esta carencia fundamental por causa de la nefasta gestión sanitaria y los malditos recortes también en este campo que hace que tengamos que vivir esta situación de desamparo y dejadez, así como el caso de los muchos titulados médicos, que acaban engrosando las listas del paro o emigrando a otros países. Otro caso es el de los temporeros. En este país a veces nos quejamos de vicio, y no nos damos cuenta de que en los tiempos que corren cualquier cosa por pequeña que sea, puede aportarnos bienestar y seguridad. Pues bien, hasta hace unos años en España en época de recogida de fruta, era muy habitual ver como muchos españoles estaban poco menos que deseando llegara la etapa de recogida para poder conseguir dinero con el que alimentarse ellos y sus familias, o también los jóvenes, para poder pagarse los estudios, o simplemente como primer trabajo. Hoy en día, se ha dado la vuelta a la tortilla, ya que hemos llegado a un extremo en el que ya no queremos ir a recoger nada, solamente esperar a que nos caiga a los brazos un trabajo perfecto, dejando la labor de recogida al extranjero, al inmigrante que ahora pasea por España como Pedro por su casa, y que es el que por cuatro perras se desloma ocho horas al día o más para llevarse un dinero —legal o no, ese es otro asunto- con el que alimentarse, entre otras cosas. No digo que este sector de la población activa de este país no tenga derecho a trabajar, lo que me sorprende es que seamos tan cazurros a veces, que nos quejemos de que no hay trabajo y cuando tenemos la oportunidad de coger algo, aunque sea de un mes, no lo cojamos por orgullo personal, porque ahora mismo en pleno siglo XXI, pensamos que estamos a un nivel superior y que ese trabajo no tenemos por qué hacerlo. Pero más allá de un problema de mentalidad personal, todo viene de más atrás, o mejor dicho, de más arriba. Los que tienen el poder de gobierno dictan medidas que más allá de incentivar los puestos de trabajo "estacionales" como es el caso, dictan normas y medidas para todo lo contrario, con el consiguiente perjuicio que hace que el supuesto trabajador prefiera aunar sus esfuerzos a otros menesteres en la mayoría de los casos -y desgraciadamente se está convirtiendo en una costumbre- fuera de España, como en el caso de nuestra vecina Francia.

La SGAE. Esto es de traca también, ¿Cómo podemos permitir que esta organización, que se dice protege los derechos de autor, nos multe por poner una canción de un artista conocido en una boda? ¿Qué se está vulnerando ahí? ¿El no pedir permiso para poner una canción? Pero es que además en un momento dado la Guardia Civil te podía multar por llevar en el Radio CD del coche un CD que no fuera original. Y esto es solo la punta del iceberg, En Julio de 2011, la SGAE sufrió una revés importante, ya que su máximo dirigente -no le vamos a poner nombre pero todos sabemos quién es-, fue puesto a disposición judicial por apropiación indebida y cobro de fondos, junto con dos directivos más, como parte de la investigación ordenada y ejecutada por la Fiscalía Anticorrupción en la que se realizó un exhaustivo registro en la sede de la SGAE. Fue con motivo de una denuncia presentada por la Asociación de Internautas, la AUI (Asociación de Usuarios de Internet), la Asociación Española de Pequeñas y Medianas Empresas de Informática y Nuevas Tecnologías (APEMIT) y la Asociación Española de Hosteleros Víctimas del Canon (VACHE). Ahora viene lo bueno...El 3 de julio de 2011 fue puesto en libertad sin fianza e imputado de tres delitos: societario, apropiación indebida y administración fraudulenta, además de todo esto se le retira el pasaporte y se le prohíbe salir del país. Pero si no fuera poco, el menda después de todo lo acontecido, consiguió que la SGAE le abonara en concepto de pensión mensual vitalicia 26.269 euros más 183.886 euros en concepto de las mensualidades que no ha cobrado desde junio del 2012. Y yo me pregunto... ¿Es este el premio que se obtiene por pasarse al "lado oscuro", a la ambición y a la sed de poder? Pues si es así vamos apañaos. A una mujer que se encuentra una tarjeta de crédito en la calle y la utiliza para comprarle pañales a su hijo le quieren meter un año de cárcel y a estos personajes les ponemos una medalla. Es algo increíble, ver como Bárcenas, Díaz Ferranz, Urdangarin, y toda esta tropa de sinvergüenzas sin ningún pudor, buscan los medios para lograr enriquecerse a costa de los demás, y lo peor de todo ya no es solo eso, sino que se descojonan de nosotros les hayan condenado o no, importándoles muy poco o nada que un montón de gente está saliendo a la calle para defender sus derechos, a que les devuelvan su dinero, todo lo que han ganado en treinta o cuarenta años de trabajo se lo quitan en un abrir y cerrar de ojos. ¿Cómo llamamos a eso? ¿Como podemos permitir que toda esta tropa siga tomándonos el pelo de esta manera? Habría que inventar un término nuevo que realmente les marcara de por vida ya que les digamos lo que les digamos tienen una mente tan enfermiza que ni aunque les extirparan la última neurona reaccionarían.

España no es el único país en el que se cometen fechorías ni se utiliza al ciudadano como conejillo de indias para probar sus políticas de control y ajustes económicos, pero es el país en el que vivimos y tenemos que procurar que sea un país rico en valores, creencias, y un sentir general por los problemas de los ciudadanos para prevenir, corregir y ajustar políticas realmente veraces y beneficiosas para España y sus ciudadanos. Hay países como por ejemplo Islandia, que en 2009 hizo pública la dimisión del primer ministro islandés y la de todo su bloque, como consecuencia de la grave crisis mundial que se inicio, y apenas unos días después se hundieron los tres principales bancos del país, el gobierno nacionalizó la banca, ¿Cómo ocurrió todo esto? Por la presión del pueblo, los ciudadanos estaban hartos de una gestión ineficaz que acabo hundiendo al país en la miseria y casi llevándolo a la bancarrota. Hoy en día, es una de las economías más importantes y progresivas de Europa, la sexta nación más rica de la Organización para la Cooperación y el Desarrollo Económico y creo que un claro ejemplo de que cuando las cosas no funcionan hay que escuchar a la gente, porque al fin y al cabo, ellos mandan. Finlandia por ejemplo es otro espejo en el que tenemos que reflejarnos, es uno de los países más modernos de Europa. A los niños desde pequeños les enseñan un segundo idioma, el inglés, los maestros en las escuelas están muy bien considerados y se les tiene tanto respeto como se le tendría a un presidente de una compañía o alguien con un cargo de nivel alto. Si queremos ir a ver como imparten clase a nuestro hijo podemos entrar en el aula y comprobarlo in-situ sin que nos llamen la atención y nos inviten a salir. Se pagan muchos impuestos si, pero los finlandeses los pagan a gusto porque saben que ese dinero va exactamente a las partidas que el gobierno establece, no al bolsillo de algún listo. La educación es la seña de identidad de ese país, y es que aunque sea un país frio, sus gentes mantienen el calor de una sociedad que no se derrite como el hielo, sino que se fortalece gracias a la ardiente economía que generan sus elaborados presupuestos. Pero eso es ahí, aquí en España hace no mucho tiempo alguien "muy listo" dijo que si, que *ellos tendrán muy buena educación pero nosotros tenemos las terracitas en verano".* Pues nada, con eso nos tenemos que quedar, en vez de tomar ejemplo, hagamos carrera con las terracitas, convirtámoslas en nuestra escuela, cuando nos pregunten en Bruselas como va España, si tiene crecimiento económico digamos que sí, que nos importa un carajo la deuda pública, el desempleo, el sistema educativo... Todo eso de una manera u otra se puede arreglar por parte de nuestros políticos, pero cuidado que no nos quiten las terracitas por dios que se nos hunde el país. Esto es para mear y no echar gota, de verdad. Pero volvamos a nuestro país, a este que delega en las comunidades autónomas diversas competencias con objeto de crear riqueza territorial y prestar un servicio de "lealtad" a los ciudadanos, término este que ampliaré más adelante.

Un país como el nuestro, que está representado por diecinueve comunidades autónomas, tiene que demostrar su fortaleza y unión en base a unos principios fundamentales de cooperación entre todas ellas, y comportarse como verdaderos hijos de un mismo padre que es España. Al igual que sería de muy mal gusto preguntarle a un hijo a quien quiere más si a Papa o a Mamá, en el caso contrario ocurriría igual, los hijos tienen el derecho de corresponder a sus padres con cariño y unión por todos los cuidados que estos les dan desde que son pequeños, y este es el modelo que bajo mi punto de vista debería aplicarse a regiones como Cataluña o País Vasco. Dos valores representativos de una España bella en valores de todo tipo, culturales, arquitectónicos, humanos... no puede comportarse como los niños pequeños, que si yo quiero esto, lo otro y lo de más allá, ¿Y qué pasa cuando les das lo que piden? Pues que basta que se les conceda para que te pidan más. Es comprensible y totalmente racional que una comunidad autónoma quiera prosperar y ofrecer lo mejor a sus ciudadanos, pero para eso hay que ser inteligente y pensar no siempre en uno mismo, sino en la gente a la que estás representando. Los políticos actuales ven el gobierno de una ciudad, un pueblo, un barrio o cualquier otro de nicho social al que estén al mando, como una oportunidad de oro para emprender una carrera que ven como si del ascenso en una empresa se tratara, no se fijan en las necesidades reales de la gente, insisto reales, sino que son ellos, los políticos, los que hacen sus propios juicios de valor y toman las decisiones que creen mejores para sus ciudadanos, sin pararse a pensar si sus decisiones van en concordancia con las necesidades reales y necesarias de la gente.

Hace no mucho tiempo una persona muy importante del mundo de la política, hizo unas declaraciones en las que comentaba que *"los partidos políticos son una pequeña parte de la política, lo que es una parte mucho más grande de ella son los ciudadanos"*, una afirmación con la que sin ningún género de dudas estoy completamente de acuerdo, independientemente de la ideología con la que se identifica el interlocutor, ya que considero primordial, yendo mucho más allá de las normas y leyes establecidas, que hay un frente con el que nunca hay que luchar ni enfrentarse, que es el sentido común, y es por ello por lo que si analizamos esta declaración no creo que tardemos todos en darnos cuenta que esto es así. La política hay que trabajarla, hacerla creíble y útil para el ciudadano, y para eso existen unos instrumentos que son precisamente los partidos políticos, aquellos a los que nosotros con nuestro voto les otorgamos esas herramientas para que hagan de este país un país pleno, y que sea la envidia de

Europa y del mundo entero. El problema es que estos instrumentos han caído en manos inexpertas e inútiles, y lo que es peor, en algunos casos –desgraciadamente en muchos más de los que pensamos- en malas manos, y para ello no hay más tirar de hemeroteca o dar un repaso a la prensa escrita, informativos, internet… en todos ellos de mayor o menor medida, con más o menos indicé de profundidad, salen a la luz siempre casos que le revolverían las tripas a cualquiera, y no solo eso sino lo que es peor todavía, las actitudes y comportamientos impasibles de aquellos que los generan sin preocuparles lo que originan con ello: el descenso de nivel de vida en España. Solo les importa llenar sus bolsillos a costa de los contribuyentes. Esta actitud está ya haciendo estragos en nuestra sociedad, y puede ser germen de cultivo de brotes contaminados y enfermos que provocará sin duda, a menos que alguien lo arregle, el decaimiento de una sociedad que con los años ocasionará una quiebra social de la que nos costará años recuperarnos. Pero la solución no está solo en corregir los desgastes estructurales y económicos que afectan a todos, sino prever esa situación, y para ello hacen falta personas que realmente se sientan comprometidas a luchar contra los males que afectan a nuestra sociedad, y eso no se va a conseguir a base de palabrerías y a subidas de impuestos, sino de hechos que sean palpables por todos y que proporcionen soluciones a todos y cada uno de los problemas que nos azotan todos los días.

España está metida desde que se inició en 2008 en una crisis de la que aún no hemos salido, por mucho que nuestros dirigentes se emperren en decir que sí, que hay "brotes verdes" y que la recuperación económica está a la vuelta de la esquina. Vamos a ver, seamos serios y realistas, el problema ya no es tal crisis económica, que si que afectó y mucho a nuestra sociedad como consecuencia del colapso de la burbuja inmobiliaria en Estados Unidos de 2006 cuyas consecuencias nos dieron de pleno a todos los españoles, el problema real, el que nos afecto a los más de 45 millones de personas de España, es una crisis política, algo que eleva a cotas muy altas el desorden estructural, económico y social y que a los diferentes gobiernos que desde esos inicios de la crisis están gobernando a la sociedad española, se les ha hecho muy pero que muy grande. Primero se intentó evitar el término "crisis", suavizando la situación hasta que ya no se puedo seguir teniendo engañada a la gente, y el gobierno socialista de entonces no le quedó otra que admitir tal situación, y ahora con el nuevo gobierno recogiendo la herencia anterior, se pone medallas alimentando la esperanza del pueblo diciendo que se va a salir, que se está viendo, pero... ¿A costa de qué? Pues por supuesto a costa de nuestro esfuerzo, a ese esfuerzo que se nos pide que hagamos pero que evidentemente no se aplican ellos, porque sigue habiendo un excedente de gastos que a través de los presupuestos del estado se pueden evitar como son los coches oficiales, el exceso de asesores, tareas duplicadas, cargos duplicados, diputaciones que sobran, muchos lujos que si fueran racionales se preocuparían por paliar pero claro, ellos tienen el poder y deciden. A ninguno de nuestros diputados se les pasa por la cabeza no aceptar los iPads y iPhones que se les entregan, chismes que no son precisamente baratos y que con el precio de todos ellos se podrían solucionar muchos problemas aunque sean a corto plazo, pero por algo se empieza, y lo ideal sería que dieran ejemplo de austeridad primero ellos y luego los demás. Es casi hasta criminal que a una persona que está cobrando el sueldo mínimo o casi, a una familia que el total de sus ganancias mensuales no llega ni para pagar casi el alquiler, o a un pensionista que se encuentra en situación similar, se les acribille a impuestos, a tasas, y demás variable económicas inútiles y en la mayoría de los casos meramente recaudatorias, total para que con la excusa de que todo ello es para el conjunto de los españoles, realmente va al bolsillo de algunos con una mente enferma y que con sus actitudes hacen enfermar al país.

Es lógico que en momentos de inestabilidad económica y apuros como les pasa a muchos españoles, se tomen medidas que cualquiera de nosotros tomaríamos, si nos tenemos que quitar el cine de los viernes, las cenitas todas las semanas con los amigos, algún viaje e incluso el café diario pues es evidente que lo haremos hasta que nuestra situación mejore, pero si nosotros, los españolitos de a pie, nos quitamos esos "lujos", es de recibo que los que nos gobiernan también lo haga pero nada más allá de la realidad.

Cada uno de nosotros somos conscientes del dinero que tenemos y como lo utilizamos para tener un ya no voy a decir buen nivel de vida, si no aceptable, pero cuando los gestores del dinero no somos nosotros sino que es nuestro gobierno el que lo diversifica a través de nuestros impuestos, ¿Dónde va? ¿Cómo se utiliza? Estas son cuestiones que no deberíamos ni plantearnos si estuviéramos en manos de un gobierno veraz, serio y formal, pero este circo está lleno de payasos y lo más triste de todo es que esos mismos payasos son los que se encargan de hacer malabarismos con nuestras vidas, de tratarnos como marionetas de ese circo corrupto y maléfico en el que si no fuera por la gente que ha pagado por verles ellos no estarían a pie de pista, pero eso les da igual, lo que les importa es utilizar al ciudadano para conseguir sus objetivos y cuando los ha conseguido entonces jugar con él. Es lo que ocurre con las compañías telefónicas, que te venden una oferta supermegachachi, firmas el contrato y cuando ya te tienen agarrado hacen luego contigo lo que quieren, ya te puede estar fallando el móvil o quieras solucionar algún otro problema, que lo que hacen es marearte dándote veinte mil vueltas de operador en operador y al final o pagas o te vuelven loco, y por no marearte más, tragas. En política las cosas funcionan de cosa parecida. En una ocasión alguien me dijo que cuando vas a unas urnas a votar no votas a un partido o a una persona que piensas puede tener los instrumentos para enderezar el país, a lo que votas es a algo demoledor que a mi particularmente me deja estupefacto: ideología. Oigan, esto es muy grave, es algo que tira por la borda la moralidad y el sentido común de las personas, que a día de hoy sigamos creyendo y actuando no a través de nuestros criterios, sino a través de una ideología, me parece algo terrorífico a la vez que incoherente y absurdo. Esto no es cuestión de si una cosa esta bien si soy de derechas y está mal si soy de izquierdas, las cosas o están bien o están mal, ¡punto! Y mientras esto no cambie, estamos jodidos. Esta actitud a la vez que infantil me parece retrógrada, inmadura y muy poco inteligente. Las líneas de actuación que se tienen que tomar para solucionar todos y cada uno de los problemas de la sociedad actual española se tienen que tomar en base a estudios y argumentos válidos y basados en la lógica racional, no en estupideces ambiguas como la ideología. Si basamos el estado de bienestar en esta palabra, que yo aboliría de forma contundente, que Dios nos pille confesados. Otro punto escandaloso bajo mi punto de vista es el del "poder" de los diferentes órganos de gobierno.

Creo que todos ellos son conscientes de que si están donde están es porque la gente les ha votado, y me da igual que sea un alcalde, un director provincial o un presidente del Gobierno, toda esta gente y por extensión a toda la clase política ya de derecha, de izquierdas o de lo que les dé la gana, nos utilizan a los ciudadanos para conseguir sus objetivos que son tener una extensa y creciente carrera política a costa de nuestros votos, de que nos vendan la moto a través de la propaganda electoral. Me duele mucho cuando veo en las farolas de las calles la típica banderita con la cara de ese político que con un slogan me está invitando a que les vote, y cuando veo eso me digo a mi mismo me planteo la pregunta: "¿Pero de que va esta gente? Deben estar pensando, a costa de estos pringados les pido el voto para actuar con respecto a mi forma de pensar" Esto es como si yo pongo una banderita o hago un anuncio para subir puestos en mi empresa, porque así es como ellos ven esto, como una empresa. El poder está en la gente, la que tiene que tomar las decisiones es la gente, los que tienen la última palabra es la gente y en definitiva los jefes de verdad somos nosotros, la gente. Los políticos son instrumentos, pero el problema es que esos instrumentos han cobrado vida por sí mismos, como en la película *La Rebelión de las Máquinas* de Stephen King, en la que las máquinas un buen día cobran vida para acabar con la raza humana. Este ejemplo desde un punto de vista radical es totalmente válido ya que precisamente eso es lo que está pasando, que hemos perdido el control y son las herramientas las que se han vuelto contra nosotros.

La clase política en general está constituida bajo una serie de normas que a su vez están dictadas por un partido político, y en conjunción con la ideología de ese partido funcionan y adaptan medidas de gobierno. Considero un escándalo de dimensiones épicas que un Presidente del Gobierno diga en rueda de prensa que él se debe a sus electores que son los que le han votado, es algo tremendo, ¿Y el resto de ciudadanos qué? ¿Cómo que a sus electores? Vamos a ver machote, independientemente de quien te vota o te deja de votar, tu obligación como máximo responsable del Gobierno es trabajar para y por todo el conjunto de los españoles, y sobre todo ya que has sido "el elegido" para llevar las riendas del país, tienes la obligación de ser transparente, honrado, abierto, cercano, entre otras cosas que a día de hoy brillan por su ausencia. Toda la clase política, toda en su conjunto, se debe a toda la ciudadanía española y tal y como he comentado anteriormente, el rol no es como ellos piensan, los jefes no son ellos, son los ciudadanos y por lo tanto son ellos los empleados, los que deben abrirse y responder ante las peticiones de la gente ya sea a través de manifestaciones o referéndums. Para desgranar y poner sobre el papel como sería la definición y puesta en marcha de un gobierno local o nacional, profundizaremos con más detalle más adelante.

No hay ahora mismo un solo día en el que no nos encontremos con algún acontecimiento que haga saltar las alarmas de la sociedad española, se está convirtiendo en algo ya habitual en los últimos años y eso trae como consecuencia un aumento generalizado de la desconfianza en todo el entramado político y en general en todos los servicios comandados por nuestros "queridos" gobernantes. Me saca de quicio ver como todos los días se están destapando casos de corrupción, algo que parece que se ha convertido en una moda, en una enfermedad más contagiosa que el ébola, y ya no por el simple hecho de que uno u otro no haya declarado un dinero a Hacienda la gravedad del asunto va mucho más allá. Lo que realmente me hace plantearme el porqué de estos actos deleznables no es ya el hecho de que estos individuos roben y se rían de nosotros, sino la poca decisión para revelarnos de forma veraz, decidida y reaccionaria ante estos individuos contagiados por la ambición y llevados de la mano al robo por el instrumento político con el que actúan.

La política se ha convertido en un arma con el que han aprendido a sacar suculentos beneficios a costa del dinero de los españoles, ya sea en forma de preferentes o de impuestos, algo que pone de manifiesto dos cosas: la primera, la falta de escrúpulos a la hora de utilizar el dinero de los demás, y lo segundo: que les importamos un carajo a los políticos y a todos aquellos contagiados por la política que practican. Hasta que la sociedad española no se movilice de verdad y haga frente a los continuos escándalos que atentan contra nosotros, seguirá habiendo chorizos, mangantes y escoria social uniformada con traje y corbata. ¿Cómo puede ser posible que un país que presume de progresista como es España, esté en claro ritmo decadente cuando siempre ha sido un referente en cuestiones como por ejemplo el sistema sanitario? La respuesta está clara, la sabemos todos, se ha criminalizado la política, se ha convertido en un potente artefacto disuasorio más para conseguir objetivos "individuales" y no colectivos, que son estos últimos para los que se tendría qué utilizar el dinero y los votos. Conceptos como desempleo, fracaso escolar, la mencionada sanidad, la educación... son algunas de las bases de nuestro sistema de estabilidad social, unas bases que el Gobierno y la clase política en general se ha encargado de hacer volar por los aires poniendo en manos de agentes externos y de gente sin calificación profesional –y en algunos casos tampoco personal- la explotación de las mismas. El caso del fracaso escolar en España es cuanto menos preocupante, ya que lleva camino de conseguir registros equiparables no en cantidad sino en tasas de empobrecimiento educativo y social a un nivel catastrófico. A principios de 2014 la tasa estaba en torno al 22%, doblando la media de la Unión Europea de alumnos que abandonan los estudios tras la enseñanza obligatoria.

El desempleo es otro factor determinante, cosechando una cifra cercana al 24% en España que en comparación con el 4,9% de Alemania, el 10,5% de Francia o el 6,1% de EEUU todos ellos tomados en Agosto de 2014, dejan claras las carencias y la mala gestión de un órgano de gobierno que no sabe poner de manifiesto y trabajar en la labor fundamental de trabajar la estabilidad y el adecuado nivel de vida de un pueblo, el español, cada vez más mermado y tocado por la inutilidad e incompetencia de un régimen ideológico que no hace abismos de cambiar. Porqué ahí está el problema, en las ideologías, que todo se basa en la forma de pensar y no en la forma de actuar, porque si tenemos que tomar una decisión sobre algo personal podemos hacerlo como nos venga en gana porque es nuestra vida y la dirigimos nosotros a nuestro antojo, pero cuidado, que lo que tenemos en nuestras manos es algo mucho más complejo, es un país entero con todo lo que ello conlleva, una seria responsabilidad que exige del análisis y cumplimiento de unas normas y unas obligaciones que toman como reglamento general la constitución de 1978 y sobre la cual nuestros políticos han jurado el compromiso de sus obligaciones, que también son las nuestras, pero ellos han jurado un compromiso de lealtad a unos valores, a un símbolo que es España y sobre todo a la defensa de los intereses de todos los españoles pero... ¿A qué precio? Sin duda al que dicten ellos, porque ese es el as que se guardan en la manga, aceptar las reglas del juego, pero en el momento que pueden hacer trampas y llevarse la pasta y/o el reconocimiento, y de ese modo conseguir aspirar a puestos de mayor responsabilidad donde ganar más dinero, no dudan en hacerlo adoptando esa falsa hipocresía de agradecimiento al ciudadano por su confianza y haciéndonos creer que efectivamente van a cumplir con su cometido. Habría que hacer un estudio estadístico para ver cuántos políticos auténticos hay en España, y me refiero auténticos a que luchan y se preocupen de verdad por sus conciudadanos, pero sinceramente no creo que haya muchos, y los pocos que hay tarde o temprano estarán tentados por diablos manipuladores para pasarse al lado oscuro y llevarse ostentosas comisiones y sobresueldos por concesiones administrativas, regulaciones del suelo y a saber que más, pero el tiempo pone a cada uno en su lugar, y el día que los políticos realmente se preocupen y actúen en consecuencia no a su ideología sino a los intereses de todo un país, de un pueblo, de un barrio o de una ciudad, entonces y solo entonces podremos decir que caminamos en la dirección correcta, mientras tanto solo vamos dando tumbos de un lado a otro por suelo empedrado y sin nadie que nos guie ni nos oriente por el camino correcto.

Personalmente me da un miedo y una sensación de inseguridad tremenda pensar que cualquier día entramos en una guerra civil. Si si, una guerra civil pero con letras mayúsculas, no tengo ninguna duda al respecto ya que está más que visto que el que millones de personas se congreguen en todas las ciudades de España no hace sino pensar a los dirigentes: *"mira esos pringaos, que se manifiestan todo lo que quieran que nosotros seguiremos haciendo lo que nos de la gana"*. Ese es el compromiso y el interés de los que nos gobiernan, la indiferencia y el egoísmo para el beneficio propio porqué claro, si protestamos y salen a la luz escándalos pueden ver en peligro sus "chanchullos" que tarde o temprano se acabarán descubriendo. Tal es el caso del séquito de políticos corruptos que en Octubre de 2004 fueron destapados, seis alcaldes y varios empresarios simpatizantes de diversos partidos políticos que contaban con la confianza del Presidente del Gobierno, y que ha provocado que este tenga que esconder las orejas y pedir unas disculpas que no se las cree ni él. Porque seamos sensatos, un dirigente del gobierno que ve como su partido va teniendo grietas de diverso calibre, si tuviera un mínimo de vergüenza lo primero que haría seria dirigirse a todos los españoles sin que nadie, repito nadie, tuviera que requerirle para pedir cuentas en el Congreso. Segundo, cesar de militancia y exponer expedientes sancionadores duros a todos y cada uno de ellos, no como con el caso del amigo Rato que después de ser expulsado no le investigan porque ya no pertenece al partido. Parece sacado de una peli de terror esto, porque como digo arriba, da mucho miedo el panorama actual, mucho, y como alguien no lo remedie por mucho mucho tiempo. Tercero, que cada uno de los imputados devuelva todo lo robado, pida disculpas, dimita de sus cargos y todo ello bajo la presión atmosférica de todo el conjunto global de miembros de su partido. Cuarto, la dimisión en bloque de todos y cada uno de los miembros del Gobierno, por permitir sabiendo de sobras de los entramados oscuros que algunos miembros de los diversos consistorios perpetraban bien en forma de adjudicaciones de dudosa legalidad u otros fenómenos delictivos.

Sigo pensando que los políticos, todos, piensan que los españoles somos idiotas, que se nos puede manejar como marionetas, nos piden los votos para mejorar la situación de un país y sin embargo es una tapadera electoral para conseguir unos fines ilícitos a la vez que intransigentes y sangrantes para el conjunto de españoles. Pero eso a ellos les da igual, lo único que conseguimos es que al destapar de forma incesante numerosos casos de corrupción, nos digan que lo sienten y que no se volverá a repetir. ¿Perdón? ¿He oído bien? ¿Esa es la solución? Lo dicho, nos toman por idiotas. La clase política en general está contaminada, no me cansaré de decirlo, se ha convertido en el mal más alarmante actualmente porque no hay nadie que administre con firmeza y entrega general, los diversos recursos que se requieren para el bienestar de los españoles. Los eres de Andalucía, el caso Gurtel, la financiación irregular de partidos, el dinero negro... son acontecimientos tóxicos que forman partes del mismo nicho, todo está relacionado porque todo parte del mismo patrón, el patrón de la avaricia. Y ante todos estos despropósitos... que se puede hacer, ¿Dejarlo en manos de los tribunales? ¿De cuales, de los de un partido o de los de otro? Ante todo esto yo creo que hay un elemento que está muy por encima de algunos estamentos gubernamentales que no jurídicos, pero que con estos últimos deberían jugar un papel importante de peso para reconducir la situación tremendamente caótica que nos afecta, y ese papel lo tiene el Rey.

Durante mucho tiempo veía la figura del Rey como un símbolo de identidad española, como un reflejo de una sociedad abierta, comunicativa, dialogante, moderna,... entre otros factores. Y esta muy bien todo esto, pero ¿Qué pasa cuando hay que representar otros valores más cercanos a la gente, como se actúa? Pues... de ninguna manera. Digo esto porque el Rey no debería de ser solo una figura representativa de España, sino de apoyo y de lucha para la defensa de los intereses de España, y eso hoy en día carece de sentido. Lo único que vemos son discursos, asistencia a inauguraciones, escuelas, entregas de premios... pero no lo veremos nunca reuniendo a los diferentes dirigentes políticos para echarles la cantada, y obligarles a medidas de corrección ni les sancionará por nada, a mi todo esto me deja muy mal cuerpo. Respeto y admiro en cierta medida la figura del Rey, pero creo que está muy mal estructurada ya que es muy bonito dar el discurso de Navidad o condenar actos delictivos, pero eso también lo sabría hacer yo y más cuando tengo gente que me redacta los discursos, el mérito es cuando realmente tienes el valor y el coraje de coger de los cataplines a toda esta panda de corruptos que no deberían de tener ni nombre, para no ensuciar la ya ensuciada historia reciente de España, y a través de medidas legales de presión obligarles a abandonar de forma definitiva el "chollo español" de dirigir un país de idiotas, porque nos idiotizan comiéndonos la cabeza con sus elegantes verborreas intentando desviar siempre la atención a otros acontecimientos para que con el tiempo nos vayamos olvidando de episodios corruptos en su formación. Es la misma estrategia de siempre, cuando un partido destapa algo de otro hay una lucha encarnizada de acusaciones entre ellas como si de niños de colegio se tratara, pero les importa un carajo que estemos ahí en medio de la pelea, al final tarde o temprano las ostias nos las llevemos nosotros. Es por ello por lo que la figura del Rey la veo tan o más importante que antes. Debería tener mucho más peso del que tiene que para eso es el rey de todos, si no tiene poder de decisión sobre todo lo que compete a España ¿Qué sentido tiene esta figura en la estructura de un país como este? Esta pregunta seguramente tendrá respuesta dentro de unos años, cuando realmente se valore y se le de la importancia institucional que debería tener.

Otro asunto que no puedo dejar de tratar es el deportivo, el cual no puedo dejar de tratar aquí. El deporte en general en España es un destacado elemento de valor de cara al exterior, son muchos los atletas y deportistas que a lo largo de los últimos años han cosechado infinidad de medallas y títulos, todos ellos de gran mérito deportivo y que han hecho que se considere a España como una cuna de grandes deportistas de élite, ya sea en tenis, natación, baloncesto o fútbol por nombrar quizás los más relevantes. Resulta evidente por un lado el gran sacrificio, horas de entrenamiento y esfuerzo que supone desempeñar una cierta representación deportiva, pero por otro lado no es entendible como puede ser que ganen tantísimos millones de euros, y que encima en su inmensa mayoría les llaman para representar a su selección pero tomando como residencias "oficiales" Luxemburgo, Andorra o cualquier otro paraíso fiscal donde no declarar los impuestos que generan sus ingresos por competiciones deportivas o actividades publicitarias. Me parece de un cinismo y una hipocresía aterradora, ya que es otro mecanismo de uso ilegítimo de la marca España, aprovecharse de eso para ganar dinero y no declararlo, y mientras tantos miles de personas intentando ganarse un suelo de mil euros o menos al mes para llevar dinero a casa y alimentarse o alimentar a sus familias. Creo que cuando puedes permitirte el lujo de conducir ferraris, tener chalets, amantes por doquier, ser el centro de atención de la prensa deportiva y en definitiva, llevar un estilo de vida a la altura de pocos el que tengas que pagar muchos impuestos es buena señal porque es un indicador de que generas dinero y por lo tanto se lo haces ganar a España, pero otros lo ven de diferente forma. Es por ello por lo que esto se debería regularizar también, poner topes "salariales y gananciales", de modo que no se puedan cometer esos excesos que enriquecen a unos y en consecuencia empobrecen a otros. Si una cuarta parte de lo que ganan los deportistas de élite lo donaran a actos caritativos y de ayuda a la gente que realmente lo necesita, estoy plenamente convencido que cambiaría el carácter de muchos y nos convertiría en un país más civilizado y humano. Miremos igualmente el caso de los equipos de fútbol, si tuviéramos que sumar toda la deuda de los mismos a la hacienda pública, seguramente se solucionarían muchísimos problemas. Un dato, en 2012 la deuda de los equipos de fútbol estaba en torno a las diez millones de euros, ahora en 2014 está en dieciséis millones, pero no se queda todo esto aquí ya que esto es un minúscula parte de lo que realmente se adeuda con los más de setecientos millones que se les debe a Hacienda. ¿Hay derecho a esto? Los clubs de fútbol pueden alargar el pago de sus deudas con el fisco durante meses e incluso años, y a nosotros los ciudadanos de a pie nos ponen una multa de aparcamiento de treinta euros y hasta que no los pagas con el consiguiente recargo no te dejan en paz a base de notificaciones, y si no pagas en un tiempo establecido te embargan la cuenta. ¿Y por qué no hacen eso con los clubs de fútbol? La respuesta es muy sencilla, está todo politizado. Si todo se rigiera por normas honradas de funcionamiento, tendría que estar establecido por ley que un club de fútbol no acumulara deudas por un dinero superior a "x" en un tiempo "y". En el momento que alguien relacionado con la política mete el hocico en el deporte la hemos jodido, y digo el deporte como podría decir la cultura, la ciencia o cualquier otro estamento. Me enfurece tremendamente ver como cuando España participa en una copa del mundo o en un mundial ahí tenemos en el palco a las personalidades políticas del país -en este caso evidentemente España- con nuestro "Presidente" del Gobierno -fíjense que lo pongo entre comillas- viendo el partido ricamente disfrutando del juego y representando a España... ¿En qué? ¿Por qué demonios vas al partido? Y si vas pagatelo con tu dinero colega, que para eso ganas casi ochenta mil euros año, que encima tu viaje a ver a España sale del dinero de los españoles, que poca vergüenza. Y total que lo único que hace es "política" en un acontecimiento deportivo, cuando son términos que deberían de estar totalmente separados el uno del otro.

La política se forjó en el inicio de los tiempos como el mecanismo de dirección de un país o imperio, y ahora se ha convertido en unas oposiciones a mangantes y chorizos de tres al cuarto que hacen de su capa un sallo y bajo las sonrisas y los falsos discursos se están cargando un país y lo que es peor, criminalizándolo, porque van a seguir saliendo delincuentes que pretenderán seguir dirigiendo la vida de los españoles con el afán de enriquecerse personal y profesionalmente, tratando a la dirección de un país como si la dirección de una empresa se tratara, y cuando se den cuenta como decía al principio de esta obra, de que los jefes no son ellos sino que somos nosotros y que tienen que hacer lo que la gente les pide, cuando eso lo entiendan, lo hagan y lo que es mejor, se lo crean, entonces y solo entonces podremos decir que estamos dando pasos en la dirección correcta. Otro caso particular relacionado con el deporte es la falta de escrúpulos y el interés por salir en la foto de algunos representantes políticos, como cuando el gran Rafa Nadal vino de jugar -creo recordar- en Roland Garros y al llegar al aeropuerto le estaban esperando diversos representantes políticos autonómicos. Yo si me hacen eso a mi los mando a tomar viento fresco, ¿Qué narices haces aquí queriendo hacerte una foto conmigo cuando soy yo el que ha trabajado deportivamente para los españoles y vosotros sinvergüenzas de pacotilla os aprovecháis de ellos con vuestro rollo ideológico colocándoos medallas? Las medallas son para los que trabajan, no para los oportunistas. En el deporte no hay ideologías, o se es de Rafa Nadal o no se es, pues en la vida al igual que en el deporte debería ser así también, o se hacen las cosas bien o no se hacen. Esta crisis política -ya no económica como nos quieren vender- esta dejando un rastro de desprestigio y carencias en muchos aspectos de tal magnitud, que cada año son más las personas que tienen que irse de España para buscarse la vida y esto en no mucho tiempo como siga así, afectará de enorme gravedad al crecimiento del país.

Desde el inicio de la crisis de 2008 se ha producido un importante aumento escandaloso de emigrantes nacionales, batiéndose records que nos sitúan (una vez más) entre los países con más maltrato profesional a los ciudadanos. Por destacar datos concretos, la población emigrante española arrastra números que van desde los 300000 de 2009 a los casi 600000 en 2013, y a día de hoy en 2014 se puede decir que el 1,2% de la población española. Estos datos dejan entrever el déficit estructural a nivel de explotación de los diferentes colectivos profesionales como médicos, arquitectos, ingenieros, terapeutas... muchos perfiles diferentes que a falta de un apoyo por parte del gobierno legislando y creando disposiciones que faciliten la puesta en marcha de unas condiciones y salidas profesionales, prefieren dedicar el dinero y su tiempo a otras cosas más importantes como a ellos mismos. Y luego nos vienen de Alemania diciendo que el flujo de españoles que va a ir a trabajar va a ser controlado por qué no dejan entrar a cualquiera, solo a quien cumpla los requisitos que su gobierno necesita, vamos igualito que en España, que dejamos entrar hasta al apuntador, y con eso conseguimos que se nos vayan valores en alza que enriquecerían las distintas profesiones con gente preparada y de aquí, y nos vengan chusma de otros lugares para robar, delinquir y convertir a España en un país de segunda o tercera categoría. Otro de los problemas que azotan brutalmente a nuestra sociedad es la pobreza. Si ya de por si son muchos -y la cifra va en aumento- las personas desfavorecidas debidas a la situación de desempleo en la que se encuentran, a los desahucios, etc... más delicado y triste aún es cuando nos referimos a la pobreza infantil, la cual hereda la situación de sus progenitores. Según datos de UNICEF, la recesión económica en España nos deja 800000 niños pobres, haciendo un total de tres millones los menores que sufren la pobreza en todo el territorio español. A día de hoy, España es el tercer país donde más número de niños en situación de pobreza hay y más ha incrementado situándonos sólo por detrás de los dos millones de México y los 1,7 millones de Estados Unidos. ¿Qué tienen que decir los organismos públicos, los políticos en general con respecto a estás bochornosas cifras? ¿Donde están las ayudas para este sector desfavorecido? Pues claramente en las arcas del estado, que alimentan con palabras vacías a la sociedad argumentando la salida de la crisis y sin embargo hacen oídos sordos a la realidad que nos rodea, un sector como el infantil que sufre los efectos de estos recortes y está distribución económica establecida por los mandamases de este país los cuales destinan una ínfima parte a la ayuda social. El resto, ya sabemos dónde va, a los bolsillos de unos en forma de adjudicaciones y contratos ilícitos para el beneficio de ellos mismos. Les da igual el esfuerzo que para la sociedad supone pagar un dinero en forma de impuestos, lo que únicamente buscan es llegar al poder para hacer lo que les de la gana con el único fin de enriquecerse. Más les valdría ser totalmente transparentes y dotar en los presupuestos una importante cantidad a la ayuda al empleo, amplias subvenciones a la creación de este, las ayudas a una sociedad cada vez más marginal y empobrecida... en definitiva, trabajar para y por los españoles, que son a los que deben explicaciones de todos y cada uno de sus actos. Pero cuando el escándalo es duro y profundo prefieren esconderse detrás de plasmas o reconociendo las cosas mal hechos pero con eso nos quedamos, y somos tan gilipollas que lo aceptamos y no se nos ocurren otras medios de protestar que manifestarnos en las calles, total para que, para nada. Tenemos que salir a la calle de verdad, protestar y contar con los altos estamentos representativos de la sociedad, y creo que en este caso el Rey debería estar ahí, al lado de los españoles... de verdad. Este es otro de los aspectos que más relevancia está cogiendo en los últimos tiempos sobre todo después de los casos de corrupción política que están en boca de todo el mundo y que cada día nos escandaliza más. La lucha encarnizada por alcanzar el poder y un nivel de relevancia dentro de la susodicha política -cada vez odio más y más utilizar esta palabra- se está dando de bruces con un muro de contención que es el número de jueces mediáticos que están destrozando las intenciones de toda la casta corrupta de políticos que se las dan de listos pensando que pueden chulearnos como les da la gana, esos magistrados valerosos que han destapado las irregularidades del dinero "b" del Partido Popular, las tarjetas "black" de Bankia, el caso Gurtel, el caso Malaya, los papeles de Bárcenas, los eres de Andalucía, el caso Noos, Palma Arena, Pokemon... son tantos y de tal índole el todos ellos que actúan como las piezas de un puzzle que forman la imagen de una España destruida por el uso egoísta, maquiavélico y desvergonzado de una serie de elementos indeseables que se han estado llevando el dinero de todos los españoles, y tiempo al tiempo, porque seguro que no tardamos en descubrir más casos de corrupción, como los acontecidos en Octubre de 2014 con la desarticulación de una "banda" de alcaldes corruptos que a través de una línea de empresarios cercanos cerraban acuerdos ilegítimos para la adjudicación de contratos fraudulentos. Aquellos que en su día juraban que trabajarían por su pueblo, y lideres como Mariano Rajoy o Esperanza Aguirre les apoyaban en sus presentaciones e incluso les felicitaban "por el trabajo bien hecho", se ha demostrado con el tiempo lo que son, una banda de indeseados maleantes que se burlan de la gente y nos toman a todos por gilipollas. Pues bien, ¿Que hacemos entonces? ¿Les hacemos un scrache? ¿Nos manifestamos en la calle? ¿Les pedimos que den una rueda de prensa, renuncien a sus cargos y pidan disculpas? Si pensamos que todo eso va a servir de algo, más allá de la realidad. A grandes problemas grandes remedios, lo que hay que hacer es revolucionar a toda la comunidad y actuar de tal manera que se den cuenta de verdad quien manda y con las cabezas gachas cojan su orgullo, se lo metan donde les quepa y se vayan a tomar viento fresco a su casa, y que se pongan en el lugar de un trabajador más que se busca los cuartos como cualquiera, trabajando sin descanso para ganar mil puñeteros euros al mes, en esa situación deberían estar estos individuos, sufriendo y entendiendo lo mismo que los demás.

Ante todo, un político tiene que ser honesto consigo mismo. Otros valores como la honradez, la seriedad, el compromiso... son pilares básicos que trataremos en el siguiente capítulo pero no quiero dejar la oportunidad de nombrarlos aquí. Es muy bonito que un determinado cargo político hable de todo lo que va a hacer por su comunidad, que si más hospitales, más ayudas sociales, más recursos para la gente con problemas económicos, ayudas fiscales, ayudas al autoempleo... y si, en algunos casos se hace, pero el tema no es que se hagan o se dejen de hacer, el tema es que este tipo de cosas son labor de decisión del conjunto de la ciudadanía española, no de lo que piensa un alcalde o responsable de una comunidad. El alcalde de Zaragoza por ejemplo, el señor Alberto Belloch, ¿Quien le dijo a este señor que la ciudad necesita un tranvía? ¿Qué principios tenia para impulsar la Expo 2008? A mí me parece muy bien que todo lo que se haga -porque una ciudad en este caso amplíe su dimensión urbana-, crezca y se de a conocer al mundo entero, me parece fantástico, pero en cualquier caso por muy alcalde que seas, el poder -como decía al principio- lo tiene la gente, que son los que hacen que esa persona esté ahí con el bastón de mando y por lo tanto todas las decisiones que se toman tienen que ser en consecuencia a las necesidades de la gente. Y yo me planteo entonces... ¿Se preguntó a la gente de Zaragoza que es lo que necesitaba? No padre, se hicieron las cosas como el señor Belloch y sus xmil consejeros pensaban que tenía que ser, ¿Y que ha pasado con ello? Pues ahí está la Zona Expo, que no se venden los pabellones, bueno está ahí la Ciudad de la Justicia y poco más, pero las telecabinas también están ahí muertas de asco... una pena, un dinero invertido que en su mayoría dudo que se recupere, y como tal se imponen nuevas subidas de impuestos, opciones recaudatorias varias, con objeto de seguir exprimiendo a quienes les dan de comer, que la verdad es que con sus sueldos podrían comer ellos y un comedor social entero durante un mes pero en fin, la vida en ocasiones nos fustiga con el látigo de la desigualdad y aquí estamos los fulanitos de a pie aguantando las idas y venidas de un régimen político contaminado por su propio ego convirtiendo las ilusiones de la gente en dinero para sus bolsillos, y luego ay qué pena, pido perdón a los españoles por lo que ocurre, es una desgracia esto... bla bla bla, palabrería. Entran ganas de coger a todos los políticos desde el primero al último, y llevarlos a una puta mina a picar doce horas seguidas, para que se enteren lo que es sufrir de verdad tragando mierda tal y como nos la hacen tragar ellos ahora y viendo recompensado su esfuerzo con una paga mínima con la que tienen que sobrevivir.. que no vivir. Ahí me gustaría verlos a todos ellos.

Si hay otro asunto que con el paso del tiempo afectará sin duda al futuro de España para bien o para mal, es el independentismo. Es del saber general de la población española que comunidades autónomas como Cataluña o el País Vasco llevan años luchando por mantenerse fuera del techo español, sus fuertes raíces independentistas les hacen inmunes a cualquier golpe de efecto que desde el gobierno central y desde otros partidos políticos se producen, y eso es debido a la fuerte influencia desde ciertos estamentos políticos autonómicos testarudos e incoherentes, que a través de unas mentes enfermizas comen el cerebro de la población haciéndoles ver que ya son mayores de edad y que quieren "irse de casa". Si claro, pero con un matiz, y que cuando un hijo se va de casa es porque busca la independencia sabiendo que puede ser autosuficiente, pero en el caso de Cataluña y el País Vasco —este último lleva mucho tiempo calmado sobre todo desde que ETA dejó de ser noticia afortunadamente- su forma de hacer y de ver las cosas es diferente. En primer lugar, España destina muchos miles de millones al año en asignar competencias a todas las comunidades autónomas con cargo a los presupuestos generales del Estado, dispone de una gran infraestructura en carreteras, servicios públicos, una apuesta firme en investigación y desarrollo en diversas vertientes son algunos de los ejemplos pero, ¿Qué pasa con todo ello si al final Cataluña y el País Vasco se independizan? Bajo el punto de lo vista de los políticos de creencia más radical no pasaría nada, simplemente que ellos se lo comerían y se lo guisarían todo, pero en el fondo ellos saben y nosotros también, que eso no será así porque aunque se independicen quieren y querrán seguir comiendo de la mano que los alimenta que es España, no pararán en pedir concesiones, competencias y vete a saber más que, porqué todo esto tiene el peligro de que si les das la mano luego te piden el brazo, no tienen limite, les importa un carajo las consecuencias a corto, medio o largo plazo, ellos lo que quieren es no depender de España y punto, no piensan en nada más, y para mí eso es un comportamiento muy alejado de una política transparente, honesta y leal, es un comportamiento de gente realmente enferma que no se da cuenta de las consecuencia tan graves que ello conlleva. Para empezar las empresas españolas poco a poco se irán del "nuevo país", ocasionando un aumento considerable de la tasa de desempleo, ya no pertenecerían a la zona euro y tendrían que establecer una nueva moneda o volver a la peseta, las consecuencias serian catastróficas y por supuesto no olvidemos la faceta deportiva que tanto ha dado que hablar en 2014, equipos como el Barcelona o el Español no podrían jugar en la liga de fútbol española y pasarían a jugar en una liga catalana, lo que ocasionaría también a nivel económico una debacle sin precedentes, pero no pensemos que los únicos perjudicados serian los catalanes o los vascos, España, la rota España también saldría muy pero que muy perjudicada en todos los ámbitos, ya que si a nivel interno la reestructuración supondría un gasto enorme, a nivel europeo también se producirían muchos cambios. La bolsa sería otro factor muy dañado, la cotización de las acciones bajaría, aumentaría el desempleo, habría desórdenes sociales e institucionales, vamos... el caos. Pero la cosa no acaba aquí, en el mejor de los casos de una comunidad que se independice aún nos podríamos dar con un canto en los dientes si lo es solo a nivel territorial, porque hay políticos de corte muy duro y de pensamiento extremista, que no se conformarían con eso solo, querrían también que todas las zonas de España donde se hablé catalán o euskera también fuera parte de ese nuevo país por lo que si llegamos a ese extremo directamente España se rompe y la unidad nacional que tanto se proclama por diversos ámbitos estaría más que rota, España no sería un país ya, sería un guiñapo, una broma de mal gusto artificiada por cuatro descerebrados que piensan que lo mejor para ellos es lo mejor también para todos los ciudadanos españoles. A mí me parece muy bien que se someta a opinión de la gente un problema o un asunto que puede afectar a un país o a una comunidad, me parece muy bien de verdad, porqué pienso que eso se debería hacer con todos y cada uno de los problemas y asuntos que nos afectan, pero una cosa es esa y otra es que un gobierno autonómico quiera proponer una consulta de independencia porque ellos se dan cuenta que el gobierno español nunca toma en cuenta sus reivindicaciones, que no les asignan presupuesto suficiente para atender sus necesidades, que no cuentan con ellos para determinadas cosas, vamos que no les oyen. Y me pregunto yo.. ¿A quién estáis representando? Basáis la consulta en las necesidades reales de la gente de vuestra comunidad, porque conocéis los problemas ¿no? Pues no, es el afán de utilizar una comunidad autonómica con la excusa de hacer lo mejor para el pueblo, de conseguir unos fines que no son comunes sino que son propios de su propia ideología y de su forma de ver las cosas, lo cual me parece una representación estúpida a la vez que decadente, porque entonces lo que se hace es seguir unos paradigmas totalmente anárquicos y con los que se presentan a los ciudadanos con una cortina de humo para despistarlos en su verdadero fin y a su vez a llevarlos por unos terrenos pantanosos en los que si no van con el calzado adecuado se podrán hundir en la más absoluta de las miserias, y no lo digo yo, lo dicen cada día sus actos y sus representaciones ante el resto de partidos políticos, pero donde realmente tienen que demostrarlo todo es realmente delante de los ciudadanos que son los que de un modo u otro, se verán si no se remedia, con la mierda hasta el cuello.

Nelson Mandela dijo en una ocasión: *"cuando el agua ha empezado a hervir, apagar el fuego ya no sirve de nada"*, este es un principio que podemos aplicar ahora mismo en la España en la que vivimos porque no estamos siendo conscientes del peligro que conlleva depositar la confianza y el destino de un país en una panda de inútiles burócratas que no saben gestionar las diferentes políticas que rigen el funcionamiento interno y externo de este país. Si nos descuidamos al final provocaremos un fuego que dejará unas grandes secuelas que afectarán no solo a la etapa actual que vivimos sino también a generaciones futuras.

Estoy cansado ver la incompetencia y las palabrerías de tantos y tantos políticos que son su sarcasmo e hipócritas discursos nos dicen lo bien que vamos, las medidas correctoras contra la corrupción que van a tomar, la vergüenza que sienten por determinados asuntos... si vale, ¿Y qué? ¿Con eso se soluciona todo, con el perdón? Se supone que piden perdón y borrón y cuenta nueva, pero un país democrático como este no debe consentir ni una pizca de algo que suponga peligrar la reputación y estatus social. Ya lo he comentado más arriba y no me cansaré de decirlo, ya no es una mera convicción, es un hecho clarísimo que nos están constantemente tomando el pelo a los españoles para que votemos al partido A o al partido B porque son mejores que el resto de partidos y que sigamos jugando a estos juegos me parece de vergüenza ajena de verdad, las acciones que se desarrollan en cualquier momento de nuestras vidas estoy seguro de que no las hacemos si somos de derechas o de izquierdas. Yo no voy a comprar el pan a una panadería porque el fulano es de derechas, yo voy a comprarlo porque me pille cerca de casa, me atienda bien, que ofrezca un buen servicio en definitiva y ese, precisamente ese es el objetivo final de cualquier persona física, jurídica o o institucional, que ofrezca un buen servicio a la ciudadanía. Es una mezcla de gracia, repulsión y vergüenza ver a los políticos de turno en un mitin berborreando sandeces sin fundamento en vez de ofrecer soluciones directas, reales y honestas, dándose aplausitos al final entre unos y otros.. ¿Pero bueno, somos gilipollas? ¿A quién van esos aplausos? ¿A los ciudadanos? No no, van a sus votantes y simpatizantes, a los que apoyan a ese partido de derechas o izquierdas, de verdad que me parece auténticamente lamentable apostar que el destino de un país esté en mano de individuos con una ideología determinada. Mis conclusiones con respecto a este tema serán ampliamente desarrolladas al final del libro, en las conclusiones, que aunque puedan resultar espinosas pueden ser eficaces.

Uno de los grandes y preocupantes problemas en España es el del paro. Según encuesta elaborada por el CIS en Octubre de 2014, el 76% de los españoles ven al desempleo como la principal preocupación del país, pero no haría falta que lo dijera un organismo oficial, es algo que se ve en el día a día. Se mantiene España en una tasa de paro del 25,1% -según datos oficiales también de Octubre de 2014- , lo cual nos coloca en la segunda posición dentro de los países de la Unión Europea con más tasas de paro, por detrás de Grecia que está en el 26,8%, y por otro lado Austria, Alemania y Malta son los países con menores datos de desempleo, 4,7%, 5,1% y 5,7%, ¿A qué conclusiones llegamos con esto? Los motivos son evidentes, un conjunto de políticas ineficaces que erosionan más aún si cabe la estabilidad social y económica de una sociedad comprimida por la opresión y el estrés de unas medidas establecidas por unos poderes políticos que no entienden y no conocen -principalmente porque no saben y lo peor de todo, les da igual- las necesidades reales, repito reales, que hay que cubrir para conseguir ese bien ansiado estado de bienestar al que todos estamos llegar, pero mientras consintamos que los políticos dirijan nuestras vidas no conseguiremos nuestro objetivo final. Fijémonos hasta que punto se está desprestigiando nuestro país que se están extendiendo las voces que están dejando de situar a España en un destino idílico para vivir, el concepto de playa y buen tiempo cada vez empiece a ser relevado por los malos índices de opinión de la política interno y con ella el descontento y desinterés por convertir a España en refugio definitivo de ciudadanos de otros países. Un dato, no hay ninguna región española a día de hoy entre las 100 del mundo para vivir según informe que analiza el bienestar de diversas comarcas de los 34 países de la OCDE, la primera posición es para Australia que es el que mejor calidad de vida da a sus habitantes. Este informe tiene como objeto no la medición como tal sino el replanteamiento de que las decisiones sean tomadas por los diversos gobiernos para corregir sus desajustes, pero en España somos demasiado orgullosos como para tener en cuenta esos datos porque los que nos mandan toman "sus" decisiones en función de "sus" ideales políticos, de sus creencias y de su forma de ver las cosas sin tener en cuenta las necesidades de la gente y sin actuar conforme a la actualidad real que les rodea.

Tomando como contrapartida todas las opiniones que voy reflejando en este escrito creo que podemos ir adelantando conclusiones. Entre ellas la de que nuestros políticos utilizan sus "encantos" para embaucar e infectar la cabeza de todos los ciudadanos, es así de claro y contundente. Uno de los casos más claros es el del presidente de Extremadura que realizó viajes a las islas Canarias en treinta y dos ocasiones con cargo al Senado y en vista de que salta a la luz no sabe que excusas utilizar para salir del apretón. Aún hay que agradecerle que pague la luz con su dinero como dijo en una rueda de prensa entre otras cosas, y es que con declaraciones de este tipo se piensan los dirigentes políticos que somos todos idiotas, nos toman por subnormales a toda la ciudadanía porque sus puestos les hacen pensar que son los directivos de una empresa, y no me cansaré de decir que lo que realmente son es empleados de una sociedad que está harta de chanchullos, de mentiras, de corrupción, de engaños y de gilipolleces varias. Un político debe luchar por y para la gente, y sin embargo estos luchan a favor de su ambición y de su estatus de poder político y social. Se les debería de caer a todos la cara de vergüenza y si tuvieran un ápice de humanidad y sentido de la obligación moral, ser honestos y ponerse al servicio de lo que dicta la ciudadanía, los españoles, las marionetas en la que nos convierten toda esta panda de corruptos que se creen los amos y señor de la escena política española. ¿Qué podemos sacar de todo esto? Pues bien, todos los órganos políticos, institucionales, sociales y jurídicos se basan y actúan -o deberían- en base a lo que dicta la gente, y es por la gente por la que muchos de los que ahora ocupan cargas importantes o de relativa importancia están ahí. Mientras luchan por escalar puestos bien que nos lamen el culo a los españoles pidiendo el voto, prometiendo, bla bla bla... palabrería en la que caemos como idiotas, nos idiotizan con sus lenguas bífidas olfateando con ellas al más débil para lavarles el cerebro y llevarlos a su terreno para conseguir el voto y actuar con respecto a sus ideologías, que me parece algo deleznable, estúpido y de una falta de conocimiento, cultura y sobre todo respeto de límites inimaginables.

Si me pongo a indagar en mis pensamientos y reflexiono me doy cuenta de que ahora mismo los ciudadanos estamos en un estado de sueño, de hipnosis permanente, de atontamiento generalizado como consecuencia de las mentiras y falsas promesas que los políticos hacen y deshacen a su antojo, dándoles igual si obran bien, si obran mal y como le sentará eso a los ciudadanos. Les da exactamente igual, al final acaban consiguiendo que bailemos al son que ellos marcan. Creo que llegados a esta fase debemos plantearnos una cosa: ¿Queremos cambiar? Si la respuesta es afirmativa la solución es fácil, hay que gritar y hacer saber a los que están "ahí arriba" que no estamos de acuerdo, que obren escuchando a la gente que es la que tiene necesidades reales a pie de calle, se necesita comer, una vivienda, trabajo, salud... son tantas cosas y tan importantes que no pueden ignorarse, y si los políticos fueran realmente "personas" y no lobos disfrazados de corderos, se pondrían en el lugar de todos los ciudadanos de a pie y actuarían como personas, pero sin embargo es irónico, al final son ellos los que nos transforman a nosotros no en corderos, sino en ovejas descarriadas, llevándonos a un lugar donde somos nosotros los que con nuestro esfuerzo les alimentamos a ellos, y no ellos a nosotros. Otro aspecto que considero primordial y que posiblemente cambiaría totalmente el protagonismo de los gobernantes, es el de la escala jerárquica. Está todo politizado, todo, absolutamente todo, y se ha convertido en un auténtico cáncer porque con ello se están extirpando las entrañas de una sociedad herida a la que más allá de darle una cura nos hacen otra herida para que nos olvidemos de la anterior.

Así funciona este país, es un país de pillos y de tonto el último, parecemos críos de colegio de verdad y lo más gracioso y lamentable a la vez de todo esto es que nos dejamos, si, nos dejamos quizás por dejadez, ignorancia o yo que sé, pero el caso es que nos volvemos conformistas y como salir a la calle a manifestarse no sirve de nada, ¿pues qué hacemos? Nada. La única manera de ganar esa batalla política es a través de medios políticos y para ello hay que ponerse a la altura e innovar con nuevos mecanismos de ataque, como los que traen las nuevas fuerzas como Ciudadanos o Podemos. Cuidado, yo aquí no me estoy poniendo ni a favor de una ni de otra, lo único que digo es que hace falta savia nueva que derroque los cimientos con los que este país esta encasillado desde hace años, ese bipartidismo que ya no tiene razón de ser porque ya hasta aburre, siempre los mismos y siempre diciendo las mismas tonterías y sarta de mentiras. Hace falta gente que represente a la gente, que la represente de verdad y luche no por unos estúpidos ideales, sino por unas creencias reales que hagan que volvamos a recuperar la confianza en los políticos, algo que sinceramente yo creo que es muy difícil por no decir imposible, sobre todo por todo porque no nos dan motivos para creer en ellos, de verdad que no, y por ello hace falta una vuelta de tuerca, un nuevo punto de vista que de verdad situe de nuevo a España en la posición que se merece a escala mundial, tenemos que dar ejemplo de honestidad, confianza y sobre todo dedicación a un país y a todo lo que ello representa, la gente. Y como punta de lanza de toda esta protesta y a la vez como mecanismo de actuación creo que la figura de nuestro Rey tiene mucho que decir. Ya lo he comentado de pasada anteriormente, pero la defensa de unos valores y de un funcionamiento como sociedad no solo compete al Gobierno sino que la corona española ha de demostrar con hechos y no sólo con palabras, que ante cualquier acto que pueda poner en peligro nuestros intereses tiene que mostrar el compromiso "real" -y nunca mejor dicho- y el apoyo a toda la ciudadanía como debe de ser, no solo dando discursos y diciendo lo que todos sabemos, sino actuando, contestando a la gente, haciendo de intermediario entre la ciudadanía y el Gobierno de España. Si no tenemos a alguien que se meta en la piel de todos, que viva y sienta los problemas como si fueran suyos, que valore y se preocupe de verdad de la gente, que meta presión y obligue a tomar decisiones en beneficio de todos, ¿Para qué necesitamos una monarquía? ¿Qué es un Rey? Creo que este es un ejercicio de reflexión muy interesante el cual debería servir para aliviar y despejar las mentes de aquellos y aquellas que ven al ejercicio político e institucional como una forma de manejar el destino de todos los españoles. Y esto es aplicable a todos los aspectos jurídicos, legales y sociales sin excepción, porque vivimos en una sociedad corrompida por la ambición, las manos negras, avaricias, egoísmos, especulaciones, malas praxis en general.

Vivimos en un mundo al revés, los que tienen dinero y poder roban miles de millones, y son los que más temprano que tarde se libran de sus procesos condenatorios o no tardan en salir de la trena por terceros grados, buen comportamiento u otras artimañas, pero una mujer que se encuentra en la calle una tarjeta de crédito y la utiliza para comprarle pañales y comida a su hijo pequeño ya es una ladrona y hay que condenarla a una pena de prisión, un terrorista mañana asesina a una persona y aunque se quede en prisión durante años en la cárcel muchos de ellos viven casi como si estuvieran en un hotel, no les falta televisión por cable –justamente lo que no tiene el Presidente de Extremadura- ni tampoco una paga cada pocos días para que compren en el supermercado de la prisión o como quieran, un dinero que realmente lo pagamos todos, las comidas, los lujos y acomodada forma de vida que algunos reclusos llevan en la prisión a costa repito de nuestros bolsillos. Es tortuosamente lamentable que unas personas que han dañado gravemente a la sociedad española estén mantenidas en prisión a costa del dinero que pagamos todos, es decir, que encima que te atacan y atentan contra tus libertades y contra tu seguridad personal encima les tenemos que pagar una comida y una cama donde dormir, cuando lo que realmente se debería hacer es obligarles a que ellos mismos se paguen con su dinero y con sus posesiones el mantenimiento en prisión hasta que el cuerpo les aguante, que para eso han dejado a familias sin hijos, han robado miles de millones a las personas que tenían sus ahorros y en general han traicionado la seguridad y la estabilidad de toda una nación.

En este país podrido por la ambición y las malas actuaciones de quienes tienen que dar ejemplo ante todos, de las pocas cosas buenas que están quedando o más bien, se están fortaleciendo y cogiendo forma, es la actuación de algunos jueces con respecto a los enriquecimientos personales y actos presuntamente delictivos venidos de diferentes órganos políticos. Porque no es de recibo que los que nos representan jueguen a un doble juego con nosotros, adoptando a la vez una doble moral pero que a la larga solo lleva a una sola interpretación, la que dictan las leyes y los que las ejecutan, en este caso los jueces o como a mí me gusta llamarlos, los súper jueces. Y los llamo así porque al margen que como cualquier otra persona humana también se equivocan, están demostrando que no les tiembla la mano como a otros si tienen que señalar con el dedo e imputar a personas de alto estatus político o empresarial, si con ello se hace justicia. Para mi dos de los representantes de esa legalidad pero a escalas altísimas son la juez Ayala y el juez Ruz, ambos no tienen problema en meterse en charcos, en terrenos pantanosos como los EREs de Andalucía, caso Gurtel o el de los papeles de Bárcenas, y eso es así porque no tienen miedo o al menos si lo tienen demuestran tal nivel de profesionalidad que no hay nada que les impida impartir la debida, justa y santa justicia. Estoy convencido que muchos políticos estarán asustados -aunque no lo muestren de cara a la opinión pública- teniendo en cuenta la intención y la firmeza con la que estos órganos defensores de la luz aplican sus sentencias. Teniendo en cuenta el desastre que se está originando en España en que levantas una piedra y aparece un corrupto, actos y personas como estas tendría que haber más, de ese modo la justicia tendría otro perfil mucho más amplio y severo, menos beneplácito y como he dicho antes, mucho más justo.

Hace falta un cambio de actitud, un cambio en la forma de ordenar y establecer los paradigmas por los que tiene que funcionar el país, y mientras eso no se haga seguiremos estando en manos de soplagaitas incompetentes que continuarán estableciendo estúpidas y abusivas vías de actuación para vulnerar aún más si cabe el bienestar de una más que herida sociedad en la que todos vivimos y a la que todos amamos. España es un país que sigue estando a la cola de muchos asuntos, desgraciadamente el burocrático es otro más de ellos ya que demuestra la ausencia de mecanismos para facilitar el desarrollo y gestión de determinados asuntos de índole personal y/o profesional. Hay muchos de ellos con los que estamos familiarizados que como forman parte del día a día no les damos la suficiente relevancia pero sin embargo la tienen, como el caso del cambio de titularidad de un vehículo o el caso del IBI. Bajo mi punto de vista son dos ejemplos claros y precisos de abuso legislativo, ya que no tiene sentido alguno se mire por donde se mire, que por cambiar en un papel el nombre de una persona por el de otra suponga un coste económico y no precisamente pequeño, porque encima para más inri depende de la antigüedad del vehículo, así como presentar papeles del coche, etc... No es ni medio normal que por eso haya que pagar. El tema del IBI es también harina de otro costal ya que -me hace gracia hasta pensarlo- si ya de por si tenemos una hipoteca que estamos pagando al banco con nuestro esfuerzo, además también hay que hacerlo al ayuntamiento pertinente. Este razonamiento y forma de actuación sobre las personas y sus bienes me parece de una intromisión y abuso sin precedentes, y sobre esto quiero aportar una reflexión, y es que se nos pinta como "impuesto de bienes inmuebles" es decir, como un pago por el derecho de tener esa casa, una casa de la cual ya nos hemos ganado ese derecho al comprársela al banco, el cual le ha cogido el relevo al constructor, y esté es el que a través de los permisos y papeleos consiguió construir el edificio sobre unos terrenos que son los que realmente creo que estamos pagando. ¿Realmente es esto así? Detrás de toda esa palabrería jurídica y denominativa, ¿Se esconde este concepto sobre nuestra vivienda? ¿Dónde está esa transparencia de la que los políticos alardean? Seamos transparentes en todo, hasta en lo que no lo es, porque los españoles nos merecemos saber todo absolutamente de los movimientos de los políticos y órganos de gobierno sobre todas y cada una de sus acciones, las cuales hay que recordar que van originadas y direccionadas hacia el bienestar social de todos los ciudadanos, y eso a base de impuestos y tasas que no tienen fundamente alguno no se conseguirá. Hay que pagar impuestos claro que sí, es nuestro deber y nuestra obligación, pero el hecho de pagar por pagar no tiene que ser admisible por la sociedad española y es más, debería haber auditores reales sin rasgos ideológicos que auditaran las acciones y resultados de ayuntamientos, diputaciones y órganos de más alta representación para vigilar nuestros intereses, que para estamos pagando a los políticos, para que trabajen por y para la gente, que no se nos olvide.

El tema de los impuestos tiene mucha miga, más de la que nos pensamos. A la hora de constituir una sociedad por poner un caso, es tal la cantidad de impuestos que tiene que hacer frente un empresario que es de escándalo, de verdad. Un autónomo tiene que hacer pagos trimestrales de IVA, cuenta de resultados, seguridad social... y seguimos contando sin saber donde acaban esos pagos porque la verdad es surrealista. El gobierno estableció hace un tiempo una nueva ayuda al emprendimiento que me rio de ella, porque se habló de una tarifa plana a la hora de pagar cuotas a la seguridad social que realmente no es así, yo como empresario y con una empleada en concreto te das cuenta que llega el mes de pagar esa seguridad social a tu trabajador y resulta que no son 100 euros, si no que te rebajan la cuota no sobre el total sino sobre la parte de contingencias comunes, y eso no es transparencia. Por otro lado dicen que a la hora de contratar a alguien la cuota de autónomos se le reduce en un tanto por ciento los primeros meses, en otro a partir de los seis siguientes y otro hasta que se completa esa bonificación, pero esto tiene un doble sentido y una doble interpretación, ya que lo surrealista del tema es que esta bonificación se aplica a sectores que no tienen empleados a su cargo y si los tienes no te bonificas, ¿Es esto normal? Es decir, un taxista que trabaja de forma autónoma y sin empleados se puede bonificar por la subvenciones de la cuota de autónomos pero una persona que tenga un negocio, con su local, sus gastos, sus empleados... no puede acogerse a esa bonificación, repito ¿Es normal? ¿Donde está aquí la transparencia? ¿Donde está aquí la ayuda al emprendimiento? Nos hemos convertido —más bien nos hemos convertido porque con los votos así lo permitimos- en el cuarto país de la Unión Europea con los impuestos más altos, algo que resulta irónico y contradictorio porque además es el país de la Unión Europea con mayor tasa de desempleo y el tercero en volumen de déficit público (sólo por detrás de Grecia e Irlanda). Otros países como el caso de Alemania, Reino Unido o Francia pagan hoy menos impuestos que España y eso que siempre han sido —la historia está ahí para dar fe de ello- todo lo contrario. En nuestro caso, ha sido meternos de lleno en la crisis de 2008 y pasar de tener unos tipos impositivos bajos a encontrarnos unas cifras que desde 2010 ha colocado el IRPF en siete puntos y el IVA en cinco, medidas que según el Presidente español no estaban dentro del planteamiento que el Gobierno de España tenía en mente, pero que se vio "obligado" por las circunstancias. La clave de todo este embrollo no es subir impuestos, sino administrar eficientemente la economía empezando por la suya propia y la de todo el engranaje político, pero en vez de eso lo más fácil y cómodo es pedir a los españoles que se aprieten el cinturón, que nos quitemos el café de por la mañana y que seamos austeros con nuestra economía. Yo creo que más allá de solicitar la confianza de la gente debieron pensar los listos estos que ellos son los que mandan y dictan las normas, los que formulan las ecuaciones para salir de la crisis pero todo esto aplicable solo a nosotros, los ciudadanos de a pie, ellos se rigen por otro tipo de historias que intentan no afecte a su "poder", porque todo se basa en eso, en poder y en controlar a la gente. Si en vez de soltar lindezas por esas bocas dieran ejemplo de austeridad real, demostrable, sin que nadie les dijera nada, que fueran ellos los que por iniciativa propia lo hiciera, aunque solo fuera por eso, seguramente se ganarían la confianza ya no voy a decir plena, pero sí de la mayoría de los ciudadanos de este país. Con tantas sacudidas en forma de corruptelas, chapuzas, abusos y demás, nos estamos convirtiendo en el rey de las subastas en Europa, tenemos de todo y para todos. Si queremos un político honrado lo tenemos —o al menos eso quiero pensar-, si quieres uno corrupto el abanico es amplio y además de diversos partidos, si quieres un gañan también lo tenemos, un inútil también tenemos y donde elegir también y seguimos contando... pero para llegar a un punto concreto, algo que nos identifique como país, ¿Qué es lo que tiene España? Sol, playa y fútbol. Nada más. Todo lo demás —aunque el fútbol ya está siendo invadido por ordas de invasores políticos- lleva camino de estar casi en su totalidad por ese cáncer que es la organización política de los listos y aprovechados que detrás de su traje y corbata nos venden sus planes para preservar la imagen del país y fortalecerla, hacerla crecer de cara al futuro, pero... ¿De verdad nos creemos eso? No me cansaré de decirlo, los políticos de verdad, los honestos, lo que deben es no dictar leyes y normas de actuación para destapar a los corruptos sino eliminarlos de raíz y sin mirar si eres de derecha o de izquierdas. Si un gobierno como el que tenemos ahora mismo, gobernado por el Partido Popular, no es capaz de asumir de verdad sus errores, sus mentiras, sus especulaciones y sobre todo sus engaños a una sociedad cada vez más desequilibrada por los golpes que recibe día si y día también, entonces vamos listos.

En una ocasión Richard Nixon dijo: *"Un hombre no está acabado cuando es derrotado. Está acabado cuando abandona"*, esto es precisamente lo que los dirigentes del gobierno con su presidente a la cabeza quieren evitar, caer en el fracaso más ruin y absoluto y con ello meter la cabeza debajo de las piernas comiéndose sus vergüenzas para pena de él y de toda su tropa. Son tan poco honestos con la sociedad y con ellos mismos que en vez de admitir con actos –y no con palabras- sus errores y actuar con efecto retroactivo para corregirlo, en el debate especial sobre corrupción que se celebró el pasado mes de Noviembre de 2014, lo único que hizo fue jugar al "y tú más" como los niños chicos, en vez de demostrar su hombría política –si es que la tiene- y aplicar unos principios personales y sobre todo leales a la gente y no a sus militantes, como dijo en unas declaraciones pocos meses antes, que se debía "a sus votantes". No chavalote no, a tus votantes no, tú y todo tu séquito os debéis a todos absolutamente todos los españoles, incluidos a los que habéis hecho abandonar el país porque no encuentran trabajo ya que habéis recortado entre otras cosas en I+D, y si no sois capaces de cumplir lo que prometisteis en 2008 lo que deberíais hacer es dimitir todo el conjunto en bloque, ser honestos y consecuentes y por lo menos ya que abandonareis, se podrá decir que fuisteis de frente y lo hicisteis cuando era preciso hacerlo, pero está más que visto que esa no es la vía que vais a seguir, no pasa por la cabeza que os sostiene el cuerpo la idea de abandonar los cargos y dejar el control del país en otro partido o en otra gente que no sea el vuestro, porque queréis continuar idiotizando a la sociedad, a una sociedad cansada y amargada de ver las caras de pánfilos que tienen todos y cada uno de ellos, la falta de seriedad y de cercanía para con la gente y los medios.

A la hora de dar explicaciones hay que hacerlo a la cara, sin plasmas ni intermediarios, que para eso el cargo que ocupan el que es, no es solo para tener un puesto de pm cobrando un pastizal que no va a cobrar un trabajador que se desloma en una obra trabajando doce horas al día, la función de gobernar implica responsabilidad, implica ponerse en la piel de todos los españoles, oírles y darles lo que piden, las necesidades que tienen ellos y no las que tienes tú, que aunque el "poder" lo tengas tú por ser Presidente del Gobierno de España, ese poder lo hemos entregado el conjunto de los españoles a un representante político con una ideología concreta en el que hemos depositado el presente y futuro de un país –por que el pasado es pasado por suerte o por desgracia- que se está cargando y desprestigiando a pasos agigantados.

Otro alegato que considero importante reflexionar, es el que dio la ex-primera ministra británica Margaret Thatcher hace unos cuantos años: *"Es posible tener que librar una batalla más de una vez para ganarla"*. Esta frase es una invitación a la movilización ciudadana, es algo necesario que hay que hacer para que de una vez por todas, los que están arriba se enteren que es lo que ocurre cuando las cosas no las hacen bien, que la gente tiene muchas cosas que decir y como ellos – o sea nosotros- no quieren hacerlas –porqué no olvidemos que actúan conforme a sus pensamientos ideológicos- al final es la gente la que a base de protestas se hace oír, como lo que ha pasado en el barrio de El Gamonal en Burgos con pocos meses de diferencia. En 2013, el ayuntamiento de la localidad consideró que era un despilfarro gastarse unos poquitos millones de euros -8,5 millones de euros- en la construcción de un bulevar en la ciudad del todo innecesaria y al final ganó la gente, y ahora ya en 2014 unos meses más tarde, ha vuelto a la carga con otra protesta en esta ocasión por la reforma de la Plaza de Toros que le puede llevar al consistorio —o mejor dicho, a la gente- un coste de 5,6 millones de euros, todo por el afán de tomar medidas en contra de lo que realmente necesita la gente y a favor de unos intereses egoístas y despilfarradores. Seguro que detrás de todo esto además de intereses políticos hay intereses empresariales, quien sabe si además no hay otro caso de corrupción urbanística como poco porque madre mía, como el ébola se propague de la misma manera que lo hace el cáncer político, ya podemos ir haciendo las maletas e irnos a la Conchinchina o donde sea para que no nos salpique ni a nosotros ni a nuestros hijos la herencia tan desastrosa que toda esta panda de personajes están a punto de dejarnos como regalito.

Por mucho que quiera pensar de otra manera me resulta muy difícil, veo totalmente incomprensible y fuera de todo razonamiento lógico y racional como puede ser que se esté jugando con algo tan serio como es la estabilidad de un país como España, un país que si estuviera bien dirigido, podría ser el auténtico motor de Europa que ahora lidera Alemania —no olvidemos que tiene una tasa de paro del 4,9%, de las más bajas de Europa, muy lejos del 24,9% de España-, aunque bueno eso con el permiso de la señora Merkel, porque desde que estalló la crisis España ha ido hacía atrás en vez de hacía adelante, aunque nos lo quieran maquillar de otra manera nuestros dirigentes, y la canciller alemana en su afán de presumir de lo bien que tiene organizado su país, seguro que le ha tenido que dar la receta mágica de crecimiento económico a nuestro Presidente, aunque no nos engañemos y seamos sinceros y honestos con nosotros mismos, España está ahora mismo en un momento en el que depende de los dictámenes de la Unión Europea, aunque ya no tenemos los índices de prima de riesgo con que cerramos el año 2012, con unos índices de vértigo ligeramente por debajo de los 400 puntos, concretamente en 395,3 puntos. Recordemos que la prima de riesgo mide la confianza de los países inversores hacía el país o lo que es lo mismo, el sobreprecio es la cantidad que los españoles tenemos que pagar cuando acudimos a los mercados para solicitar financiación. Todo esto tiene un origen y un doble destino, en primer lugar la falta de criterio en votar a un partido, a unos ideólogos que actúan en base a sus principios y no a las necesidades del país y en segundo lugar un doble destino, una lengua bífida que rastrea la posible salida bien vía política o bien vía ciudadana. Yo apuesto por la vía ciudadana en base a criterios que hagan reflexionar a toda esta panda de analfabetos políticos mediante normas de restructuración donde esta forma que nos gobierna ahora mismo pase a un segundo plano y donde se cambie el rol de la representación ciudadana, pero eso al igual que otras consideraciones de apartados anteriores, se verán más detalladas en el apartado de conclusiones finales.

¿Qué es la política? La política es una rama de la moral destinada al ordenamiento social y la puesta en marcha y resolución de los problemas que afectan al colectivo ciudadano. Esta es una definición corta y que tiene tres tónicas generales: ordenamiento, ciudadano y resolución de problemas. Ahora estoy seguro de que si nos ponemos a asignar estas facultades a los órganos de gobierno políticos y a la política en general que se practica en España, no daremos ni una. La política aquí está reñida con valores como honestidad, entrega, preocupación, dedicación, entre otros. Como diría aquel, "cada maestrillo tiene su librillo" y aquí ya no es que tengan un librillo es que directamente han generado una biblia de actuaciones salpicadas por la avaricia y el deseo de poder por encima de todo e incluso por encima del bienestar de toda una nación.

Este es un país de pillos y no lo digo yo, es vox populi, cualquier mecanismo es válido para sacar tajada de una situación y de un momento que complicado para unos puede volverse provechoso para otros, la ejemplaridad ni siquiera existe cuando estás representando a un país, las decisiones se toman en consenso no con la ciudadanía sino con el séquito que te rodea –y eso incluye no solo a los ministros sino también a los tropecientos mil asesores de turno que por supuesto, también pagamos nosotros- el cual también tarde o temprano se corrompe, y da igual si estás en el partido de poder o en otro, poderoso caballero es don dinero. Ejemplos recientes son los de los alcaldes de Collado Villalba y de Valdemoro por nombrar algunos, estos son casos en los que al final la avaricia y los intereses personales más que los colectivos, han hecho que se rompa el saco y hayan sido finalmente imputados por la justicia española, y sancionada severa y económicamente. Quiero pensar que esto ayuda para que hagamos un ejercicio de reflexión y ya que no podemos evitar estar guiados por la batuta de un director de orquesta político, por lo menos nos pensemos muy mucho en quién depositar la confianza cuando se convoquen elecciones, aunque tal y como está el patio como no votemos a la asociación de abuelos de la petanca, difícil panorama veo. Y ya que estamos metidos en arena, entremos de lleno en las partidas presupuestarias que destinan los diversos partidos para sus desplazamientos.

Aquí en España, el concepto de transparencia es algo que está ahí en el aire, pero que ni se huele ni se percibe por determinados actores políticos, saben que está deambulando por ahí pero no se le presta atención, ya que la partida presupuestaria destinada a viajes u otros gastos con cargos al presupuesto que pueda estar establecido les es totalmente indiferente. Hay que destacar que una vez más, conseguimos diferenciarnos de otros países, en la gran mayoría de los parlamentos europeos y en los Estados Unidos, existen partidas específicas para los gastos en viajes de los diputados y senadores, en países como Italia o Alemania los diputados reciben como parte de su sueldo una partida presupuestaria que oscila entre los 1500 y 4200 euros al mes y que pueden destinar a sufragar esos gastos destinados a viajes sin necesidad de justificar, en Alemania si los diputados tienen que utilizar un medio especial -por ejemplo un coche cama en un tren o un avión- el Bundestag -el parlamento alemán- cuando termina cada etapa legislativa, publica un informe con los viajes al extranjero de los diputados, asimismo la Cámara costea estos viajes pero están obligados todos los que en ellos participan, de elaborar un informe de los mismos justificados. Aquí en España las cosas funcionan de otra manera, yo tiro de tarjeta y no digo nada, si me pillan me justifico y si no pues eso que he ganado. Así funcionamos, lo he dicho en reiteradas ocasiones, este es un país de "tonto el último", y encima no se conforman con eso, si encima nos convierten en estúpidos o en borregos pues mejor para ellos. Tendría que estar registrado por ley que todos y cada uno de los gastos de diputadores, senadores y órganos de Gobierno, declaren religiosamente todos y cada uno de los céntimos de euro que utilizan por su trabajo porque es un dinero que viene -aunque a algunos parece que se les olvida- directamente de nuestros impuestos, y como tal deben explicaciones de su uso. Es lamentable que se tenga que determinar y exigir esa transparencia a los políticos para que lo hagan, cuando lo correcto, honesto y leal sería que ellos por iniciativa propia y por dedicación y respeto a los ciudadanos, justificaran esos gastos.

Todo este tipo de triquiñuelas por aprovecharse del dinero público y usarlo para fines personales, forma parte de la trama política que nos corrompe, y por la que nos está empezando a generar disparidad de opiniones -en su mayor parte negativas- con respecto a si vivimos en un país amable, honrado y cómodo para vivir. Un dato: a día de hoy, España tiene el lamentable honor de ocupar el puesto número 10 en la lista de países con más fraude, con un 22,5% del PIB, lo que supone una pérdida de más de cien mil millones de dólares de las arcas públicas o lo que es lo mismo, 82 mil millones de euros que "se debe" a Hacienda, una cifra más que considerable y con la que se conseguiría ese ajuste déficit que nos pide Bruselas sin tener aplicar la técnica de recortes que se nos impone por parte del Gobierno. Pero el problema es mucho más amplio, ya que si en España se respetara al ciudadano y a sus derechos, seriamos ejemplo para otros países y no tendríamos que oírnos datos tan alarmantes como que el fraude es aplicable a gran parte de la zona euro, y que con los impuestos que se defraudan se podría pagar un alto porcentaje del gasto sanitario en toda Europa, en torno al 90%.

Hemos conseguido que ya no se nos vea como un país ideal para vivir, muchos extranjeros viendo el panorama que hay en España, echan para atrás sus intenciones de establecerse o comprar una segunda vivienda en algún punto de nuestra geografía, porque se nos ve el plumero y gracias a los actos de nuestros representantes políticos, lo único que se consigue es que los ciudadanos de otros países nos miren con recelo y disminuyan los ingresos turísticos y con ello el PIB. Todo en gran parte por la gran cantidad de impuestos que hay en España, que en su mayoría no son más que con el mero fin de recaudar, otros son muy antiguos y no se han modificado o derogado y otros se los inventan porque ya no saben cómo exprimir para seguir sacándonos más jugo. La solución a la crisis económica y la vuelta a la estabilidad económica y social no va por meter más impuestos, sino por tener un mejor control sobre los que hay, y tomar medidas para que sin perjudicar a unos, nos beneficien a todos. Y para ello hay que hacer un estudio pormenorizado de la situación y dar con el patrón que nos dé la solución para acabar con esa lacra que es la corrupción y el fraude, y del cual parten otros grandes males como es el desempleo, y con ello la desigualdad social, el hambre y más males que nos azotan. Estamos aún lejos de Estados Unidos, Bolivia o Rusia -afortunadamente-, que son los que están en el pódium del fraude. En el caso de Rusia, sus empresas consideran incluso que es hasta de mal gusto pagar a Hacienda, pero el problema ya no es el casi 45% del PIB que escapa a las arcas del estado, sino que hay incluso empresas públicas como Gazprom -empresa gasística fundada en 1989 controlada actualmente por el Estado ruso-, que está acusada de haber evadido más de dos mil millones de dólares.

Como he dicho antes, España está todavía lejos de eso, pero tiempo al tiempo porque como pretendamos seguir el ejemplo que nos marcan los más "listos" entonces la querida estabilidad y bienestar social se irá por los aires. Insisto, hay que marcar pautas de actuación correctamente legisladas y con cláusulas que garanticen que no se va a traspasar la delgada línea entre el bien y el mal, porque mientras no se haga y se abra la veda a la libre circulación de chorizos y mangantes, ya podemos coger las maletas y emigrar, eso sí, si nos lo permiten otros países, punto que voy a detallar a continuación. Me parece fantástico que se tomen medidas para atajar la inmigración ilegal o en otros casos, para evitar una inmigración "normal" pero innecesaria para la economía del país. Hay países como Australia que abren la puerta a personas de otras nacionalidades pero con condiciones, ya que elaboran una lista de todo lo que se necesita en el país y si cumplimos lo que nos piden entramos, y si no hasta luego Lucas. En 2014 en el Reino Unido, el gobierno de David Cameron se propuso trabajar en una ley por la que todas aquellas personas que en un plazo de seis meses no encuentren trabajo no tendrán autorización para quedarse en el país. Estos mecanismos de control pueden crear cierta controversia, pero a mi me parecen muy positivos, ya que se asegura la calidad de la gente y del conjunto de servicios que pueden prestar a la sociedad. Como consecuencia de la mala gestión a la hora de establecer reglamentos y normas para el control de extranjería —en la mayoría de los casos de nivel bajo-, se han dado a conocer casos como el de Holanda en el que hasta hace no mucho tiempo era tal la cantidad incontrolable de inmigrantes de "mala calidad", que en vistas del declive que se podría producir, muchos de los ciudadanos holandeses hicieron las maletas y se fueron a otro país a llevar mejor vida. A día de hoy parece que eso está ya regulado, y se han tomado medidas muy estrictas para el control racional y ordenado de personas provenientes de Europa o de otra parte del mundo.

En España, y más con el caso de Ceuta y Melilla, es una tarea que está todavía pendiente de ser legislada de acuerdo a los diferentes estamentos legales y cívicos que esperemos se establezcan pronto, y eliminen de una vez por todas las medidas criminales que se usan tras la valla, para impedir el paso al otro lado de la frontera con África. Asimismo, también hay que interponer medidas —y en este caso hay que decir que la eficiencia es de muy alto nivel- para atajar la llegada de drogas y otras mercancías ilegales que hagan establecer a España como paso obligado para el tejemaneje de elementos nocivos para la salud de los ciudadanos españoles, establecer medidas duras y contundentes que actúen como barrera inquebrantable para los narcos y eliminar de una vez por todas cualquier resquicio que convierta a nuestro país en fuente inagotable de oportunidades delictivas y criminales. Como se ha comentado más arriba, España está a la cola de muchas cosas, pero resulta casi de mala leche el hecho de que de las pocas cosas que nos encasillan en las primeras posiciones, es en el de ser uno de los países de Europa con más índice de consumo de cocaína, con Valencia y Barcelona como centros neurálgicos de dicha denominación. Francia y el Reino Unido son otros de los países donde el uso de esta malévola sustancia es de alto consumo, y España tiene el lamentable honor de ser el país por donde más droga entra de Europa, y eso hay que atajarlo con medidas correctoras, drásticas y del nivel de aquellos que intentan quebrantar el ya maltrecho bienestar español.

En 2013, cerca del 3,6% de los jóvenes consumieron cocaína en España, más del doble que en Europa, ¿Es o no para preocuparse? Poco a poco todos los elementos que nos definen como país se están quebrantando por la ausencia —o no- de políticas que actúen de brazo ejecutor para acabar con la desestabilidad social. Ya está bien de destinar el dinero público a proyectos inútiles como el del Aeropuerto de Castellón, o el cambio de señales de velocidad máxima que dictaron los socialistas para luego a los pocos meses dejarlo como estaba, eso es derrochar el dinero como consecuencia de un riego político ineficaz y falto de fuerza y diligencia, todo lo que concierne a mejorar la sostenibilidad se tiene que hacer con el estudio y el asesoramiento de gente experta y especializada en diversos campos, que les den el apoyo a los políticos para que ellos lo conviertan en leyes pero ojo, leyes para todos, no solo para unos pocos, aquí no hay militantes ni simpatizantes ni nada que se le parezca cuando se trata de utilizar el dinero público, aquí hay ciudadanos y mientras este concepto no se quede grabado con fuego en la mente de los que nos dirigen no tendremos nada que hacer, por eso hace falta ímpetu y ganas por hacer que un país como el nuestro recupere su fuerza y su carácter, debilitado a partir de la crisis de 2008 y más aún de la mano de inútiles e incompetentes personajes políticos que nos venden la moto con que no pasa nada, con que a España no le afectará y al final miremos el resulto, cerca de cinco millones de parados, la sanidad hecha añicos, la justicia destapando casos de corrupción día sí y día también y al final pagamos el pato todos, con ajustes que hacen daño a nuestros bolsillos pero no a los que están sentados en la maquinaria de hacer dólares, que se ríen de nosotros mientras nos venden falsas verdades, a la par que hacen lo que según ellos les dicta su orientación política, es decir, la ya más que desesperante y asqueante ideología, este sí que es bajo mi percepción personal el gran mal del siglo XXI, porque bajo el amparo de la política se dibujan todas las actuaciones en los diferentes campos, y cuando uno de ellos es tocado por la batuta mágica del político de turno lo único que se consigue es politizar ese terreno, y que se convierta en algo ya no de los ciudadanos, sino en un mecanismo de aprovechamiento electoral.

Winston Churchill dijo en una ocasión: *"El político debe ser capaz de predecir lo que va a pasar mañana, el mes próximo y el año que viene; y de explicar después por qué fue que no ocurrió lo que el predijo"*. Así de conciso el famoso dirigente británico definía a grandes rasgos una de las principales características que todo político debe tener, tiene que ser como un vidente sabiendo de antemano que puede hacer, como hacerlo y que resultados generarán. Es un paso importante para establecer mecanismos de actuación de cara a enfrentarse a los auténticos problemas que día a día nos asaltan, saber que recursos tenemos y cómo podemos utilizarlos, que es lo que necesita un país como el nuestro, que modelos son nuestro referente, con quién podemos trabajar, qué medidas tomar... son muchos los aspectos que requiere el conducir el destino de un país como España, pero desgraciadamente está conducido por políticos borrachos de ineptitud y ambición, que se piensan que ellos tienen el rumbo y por lo tanto toman ellos las decisiones de cómo y dónde ir en base a sus propios principios ideológicos, y que ante dificultades en vez de afrontarlas con valentía asumiendo sus responsabilidades lo que hacen es pedirnos que nos apretemos el cinturón para que de ese modo salga más dinero y ellos sean cada vez más ricos y ambiciosos. No hay nada más triste que la ambición y el abuso de poder sobre todo cuando no son ellos los que lo tienen, no me cansaré de decirlo, ellos son los portavoces y ejecutores de las necesidades de un conjunto global de personas que luchan por vivir y no por sobrevivir, que es lo que está pasando ahora mismo. Parte de los instrumentos que deben utilizar los políticos es la transparencia a niveles máximos, tenemos que saber que hacen, como lo hacen y con qué medios toman las medidas para hacer su trabajo. Desde hace mucho tiempo hay un creciente desapego entre la clase política y los ciudadanos, y eso es algo que es patente en la calle y en los medios, pero sin embargo no hay un interés real por acercar posturas y es que, qué más da lo que piense la gente, los políticos nos comen la oreja y cuando lo han conseguido y a través de sus votos llegan a una alcaldía, a una diputación provincial o a Presidente del gobierno, entonces ellos guisan y cortan, y mientras consintamos eso y no nos hagamos oír de verdad, seguiremos siendo un país de borregos.

Estamos llegando al final de este capítulo en el que he pretendido reflejar de una manera más o menos resumida los principales puntos que definen a una sociedad como la nuestra, una sociedad quebrada por diversos flancos los cuales se han convertido en la puerta trasera para atraer grandes problemas y lo que es peor, sin encontrar las soluciones debido a la falta de criterio, estudio y sobre todo sentido del honor y responsabilidad por parte de los políticos españoles. Es de una hipocresía abismal y un engaño sin precedentes sacar la tarta y celebrar con una botella de champan que ha bajado el paro en Noviembre, y que es la mejor bajada desde 1996, de igual modo que en Diciembre de 2013 cuando se redujo en más de 100000 parados pero la mayoría de ellos de carácter temporal, pero esos datos no son fiables, y por lo tanto podremos decir que España va bien cuando realmente los datos no estés maquillados y se haga honor a esa transparencia de la que alardean algunos. ¿Veremos eso algún día? ¿Volveremos a ser un país donde se puede vivir? ¿Seremos capaces de ser coherentes con nosotros mismos y preocuparnos por los problemas, en vez de ignorarlos y marear la perdiz mirando a otro lado? Estas preguntas y muchas más no somos nosotros los que tenemos que responderlas, son los políticos a través de un ejercicio de moralidad los que deben de ponerse manos a la obra y pensar en los chavales que no pueden costearse una carrera, las pensiones de nuestros mayores que apenas les llega para comer, los parados de larga duración, las familias con hijos que no les entra dinero en casa… ¿Seguimos? Todo pasa por que el político sea honrado y cercano, y no un mero cumplidor y falso observador saludando y regalando risitas que no solucionan nada. Hay términos que un político no debería incluir en su vocabulario, como *"creo que…"*, *"esperamos que…"* , vocablos prohibidos para personas del cargo que ostentan, ya que en base a estudios y a implicarse en resolver los problemas, ya sea con términos estadísticos o macroeconómicos, esas palabras como digo ni siquiera se les pasaría por la cabeza, pero al ciudadano se le marea y se le asalta con terminologías que no entiende pero que suenan bien para que al final no piense en ello y se preocupe por otras cosas.

En momentos de escasez económica, y máxime ahora que todavía es evidente la falta de liquidez para muchísimos asuntos de interés general, me parece de una hipocresía y falta de respeto total la que el mundo el deporte y algunos de nuestros campeones tienen con nosotros. Nadie les quita mérito a lo que hacen, y es de agradecer que con sus éxitos pongan a España como referencia internacional en el ámbito deportivo –de las pocas cosas de las que podemos presumir, de méritos deportivos- pero que por no pagar impuestos se vayan a paraísos fiscales como Mónaco, Luxemburgo,

Andorra, Suiza… es de una falsedad innombrable. Representar a España no es solo ponerse un uniforme y correr una carrera o perseguir un balón para engrandecer la imagen de un país, es también representar los valores de ese país y sentirse patriota, sentirse ciudadano de este país y afrontar lo bueno y lo malo de ser deportista de élite. El ver deportistas que ganan tantísimo dinero y que no son capaces de pagar los impuestos que les corresponden huyendo a otros países para que la cuota a deber sea inferior, me parece un acto traicionero y de nula sensibilidad con la situación española actual. Pero el fraude no acaba ahí, ya que son muchas las empresas españolas las que buscan el cobijo en otros sitios para rebajar sus impuestos. En 2011, de las 35 empresas que forman parte del Ibex 35 son 33 las que tenían presencia en paraísos fiscales donde el régimen tributario es bastante inferior al español, a esto hay que sumar a nivel internacional lo que se ha llamado "LuxLeaks" o lo que es lo mismo, acuerdos con empresas para pagar menos impuestos en Luxemburgo como es el caso de Pepsi, Ikea, AIG, Fiat, Amazon, JP Morgan, Heinz, Burberry, PIMCO o Deutsche Bank por poner unos ejemplos. Todo esto mientras no esté regulado se estarán escapando miles de millones de euros de las arcas internacionales y ello afecta al conjunto de países mundiales puesto que como en el caso de España, se nos exige más recortes para salir de la crisis cuando legislando correctamente estos desfalcos que hacen las grandes multinacionales se recaudaría dinero como para paliar muchísimos desajustes y se solucionarían muchísimas cosas, acelerando la recuperación económica y el tan ansiado bienestar social.

Los hechos e impresiones aquí narrados no son sino el primer capitulo de la historia reciente de este nuestro país, de los actos y desacuerdos que el conjunto de los españoles tenemos con el sistema organizativo político, y que tanto daño está haciendo a una sociedad cada vez más perjudicada por las malas y deficientes decisiones que nos están llevando al caos. Porque una cosa está clara, y es que cuando algo funciona no hay que tocarlo a no ser que sea para mejorar lo que hay, pero siempre hay que partir de la base de que hay que estudiar a fondo todos y cada uno de los asuntos para no causar grietas que con el tiempo se conviertan en un gran agujero por donde se nos escape el nivel de vida y estatus social, que tanto ha caracterizado a España y al conjunto de los españoles. Hay muchas de esas grietas que son fáciles de arreglar simplemente observando y siendo coherente y disciplinado, pero en vez de buscar la solución fácil siempre se busca la más compleja y la que más gasto ocasiona, gasto que nos supone una disminución de la renta nacional y como consecuencia un cada vez más afianzado estado de pobreza incluso para la gente que está trabajando. No hay que matar moscas a cañonazos y eso significa utilizar los recursos que tenemos en la medida más proporcionada posible y siempre con los objetivos y las ideas claras, si hacemos esto —más bien si nos lo hacen los que nos gobiernan- muchos de los males de la sociedad se arreglarían. Es totalmente deleznable, incoherente e irracional ver como los órganos de Gobierno, en vista de los escándalos que azotan a nuestra sociedad —caso Gürtel, papeles de Bárcenas, EREs de Andalucía…-, los partidos políticos y sobre todo aquellos azotados por la sombra de la corrupción, en vez de ser honestos y tener la valentía —por no decir otra cosa- de asumir responsabilidades y dimitir, establecen presiones a los estamentos jurídicos - a jueces como Pablo Ruz que demuestra ser un fiel y gran representante judicial- para que abandonen las investigaciones o que el máximo organismo judicial revoque su continuidad para que esos papeles manchados de inmundicia y engaño no estropeen más aún si cabe la reputación del partido en cuestión, es lamentable y patético que no se dé la cara, que no tengan valor ni coraje los malditos partidos para corregir y sentirse ciudadanos y mirar al futuro, a un futuro lleno de grandeza, estabilidad y sobre todo compromiso social, porque si nos dan eso de verdad, entonces volveremos a tener confianza en lo que algunos han llamado la "casta", volveremos a creer y a ilusionarnos por un país que merece la pena.

CAPITULO 2
La moral como moneda de cambio

En el mundo de las relaciones sociales pasa un poco como en el de las sentimentales, si hay factores comunes que unen las posibilidades de éxito de esa relación tiene papeletas de durar en el tiempo y si no el futuro es poco claro. Hay valores como la moral que a día de hoy están salpicados de cinismo e hipocresía, actuaciones que maltratan y hacen olvidar lo que nos define como personas, tener nuestro propio pensamiento, ideas y actitudes, y estas no pueden contaminarse cuando entran en juego factores políticos. Estos tienen que ser siempre un complemento sobre el que pasar el orden funcional de las instituciones y órganos de Gobierno de un país o una región.

El tema ideológico tiene mucho que ver en esta toma de contacto con los valores morales ya que la moral es como el DNI, algo que nos identifica y que nos hace partícipe de escenarios en los que poder mostrarnos como personas y no como personajes. Cuando se cruza el tema ideológico de por medio entonces mal, porque siendo de derechas, de izquierdas o de centro, de lo que estamos hablando es de aplicar convencionalismos de interés general para los ciudadanos junto con unas políticas que ayuden a establecer un orden más que necesario y una política de bienestar común para todos los ciudadanos. Con la moral no se juega, no se puede utilizar como moneda de cambio para conseguir objetivos electoralistas que minen la integridad de un conjunto de personas que han deposito la confianza a través de un voto. Este ejercicio del voto viene determinado por una clara intención política e ideológica basada a su vez en unas creencias y percepciones con las que nos identificamos de forma individual. Es decir, que a través de la moral estamos buscando mecanismos para llegar a un destino final en forma de un procedimiento de elección como es el voto, el cual ya va identificado por el siguiente paso que es el ideológico y que es el la pieza -desgraciadamente, todo sea dicho- con la que elegimos a nuestros representantes.

Cuando se trata de lograr unos objetivos y más, si son de interés general, hay que estudiar y preparar muy bien el camino de las propuestas y sobre todo ser muy cristalinos desde el principio con todos los ciudadanos porque de ese modo se les ayuda a tener más definido y claro el camino por el que van a dejar guiar su voto. Ha habido circunstancias en las que se han hecho muy buenos planteamientos políticos que al final no salieron, pero no porque hubiera un error en su ejecución, sino porque fueron traicionados por la ambición del dinero y por "desmoralizar" sus propias convicciones o lo que es lo mismo, a ellos mismos como personas. La moral juega un papel primordial a la hora de establecer a quien o a quienes se les otorga el poder de dirigir las vidas -si, las vidas- de la gente de forma legítima, pero no olvidemos que todos los reglamentos y normas que se establecen tienen que girar en torno a un orden moral, racional y ético.

El papel que juega la moral es más importante -o debe serlo para quienes no lo crean así- de lo que pensamos, ya que no se trata de evaluar el grado de importancia que tiene un término u otro, o los métodos y formas de aplicarla, sino el plano en el que está situada dentro de lo que podríamos considerar como el "mapa de situación política", es decir, tiene que existir un "suelo", una base solida, unos cimientos basados en una serie de principios morales sobre la cual puedan ubicarse la sociedad en la que vivimos así como los elementos políticos y sociales, el establecimiento de clases políticas, proyectos políticos y por fin un objetivo final, que es el afianzamiento de un país cada vez más equilibrado. No se puede construir nada si no hay antes un solar donde construir, este es el papel que juega la moral en todo esto, en servir de sustento y asegurar con firmeza y de manera uniforme el asentamiento de unos principios inviolables sobre los que poner en marcha planteamientos honestos por parte de los políticos que no perjudiquen o dañan la estructura económica y social de España. Y todo esto empieza desde que somos enanos, desde pequeños nuestros padres nos han inculcado una educación y unos valores que actúan como piezas de un engranaje con los años más robusto, pero de vez en cuando esos engranajes fallan y más allá de arreglarlos intentamos no darle importancia pensando "¡va, que más da!", y esa actitud es como una enfermedad infecciosa, que en contacto con otros entes se transmite a una velocidad terminal y lo que es peor, sin una cura definitiva. Pongamos unos ejemplos: Si vamos por la calle y vemos que a una persona se le cae la cartera al suelo, ¿Cual sería nuestra actitud? ¿Y la de los políticos? Asimismo, ¿Que ocurre si vemos a una persona andando desnuda por la calle? ¿Y si subimos a un autobús o tranvía, nos sentamos, y vemos a una persona mayor con muletas cual sería nuestra reacción? ¿Que ocurre si vamos a comprar al supermercado y nos damos cuenta de que nos han devuelto más de lo que deberían? Creo que una persona normal reaccionaria ante estas situaciones de la manera más leal y correcta a sus principios, que es devolviendo el dinero de más, cediéndole el asiento a esa persona mayor... Todo esto está basado en principios lógicos y racionales -que desgraciadamente no todo el mundo cumple- que no tienen nada que ver con si eres de derechas o de izquierdas o de centro, tiene que ver con nuestra propia personalidad. Pues bien, cuando se utiliza esto como herramienta política para hacerle ver al ciudadano que se van a subir las pensiones, ayudar a los desempleados, eliminar determinadas tasas, etc... y luego no se cumple, entonces estamos utilizando la moral como moneda de cambio, estamos jugando con la gente y nos estamos traicionando a nosotros mismos. Pero lo que más llama la atención de todo esto es que parece que los que ponen en marcha las normas del juego no tienen ningún ápice de cumplirlas, las dictan para que las cumplamos los demás a costa de conseguir contradecir a nuestro subconsciente y traicionar nuestro ideales, total para que al final ya no sepamos ni quienes somos, ni que pensamos ni con que fin lo hacemos.

La moral también tiene una conexión muy importante con el respeto y la ética. El respeto es ante todo un derecho que todos tenemos y sobre el cual no hay ley que la contradiga. Hasta el peor de los maleantes tiene derechos y sea cual sea la causa final siempre hay que seguir un procedimiento, y cuando eso se salta a la torera todo lo demás carece de valor y sentido. Respeto implica muchas cosas, no solo no insultar o faltar a alguien, también implica mantener intactos esos derechos anteriormente mencionados, lo mismo que la ética, el actuar de la forma correcta sea cual sea la circunstancia o el momento siempre con el máximo rigor, claridad y sobre todo transparencia. Creo que cuando se trata de disponer un orden de preferencia a la hora de tomar determinadas decisiones, por muy político que seas siempre hay que pensar como persona y no como personaje. La política ya vendrá después a la hora de definir las leyes o normas, pero previamente hay que despejar la mente de absurdos condicionamientos políticos y pensar racionalmente tal y como lo haríamos si de un asunto particular nuestro se tratara.

Cada día mueren más 4000 niños en el mundo por falta de agua potable, y por muchas ONGs, personas particulares y entes de diversa índole esa cifra sigue aumentado ahora a punto de acabar el 2014, y mientras tanto países como India o Estados Unidos destinan millones y millones de euros en la investigación de la próxima misión tripulada a Marte, que cuidado a mi me parece fantástico que se destinen partidas a investigar otros mundos, pero encuentro inmoral que se de prioridad a algo que todavía no es real y no se le de a algo que si que lo es, como es el hambre y la falta de recursos en los países del tercer mundo. Pero hay mucho que esto y para ello no nos vamos lejos, en España se está produciendo una nueva categoría de pobreza, la pobreza energética, y el hecho de que elementos básicos una casa, la luz, el agua o el gas, se están convirtiendo en auténticos lujos que muchas familias no pueden pagar, personas mayores que tienen que estar a salvo debajo de una manta y apañárselas para vivir sin luz y lo que es peor, sin recursos. Aquí la moralidad brilla por su ausencia, un país como España que presume haber dejado atrás la crisis y empezado la recuperación económica no puede consentir bajo ningún concepto que después del esfuerzo tan horrible que hemos hecho -los españolitos de a pie claro- se sigan produciendo estos abusos a la sociedad, en vez de premiarlos por el esfuerzo y ajustar los costes básicos, se mantienen o se suben los impuestos porque desde Bruselas dicen que hacen falta más recortes. Un mandatario que lucha por y para los españoles su única bandera debe ser la del trabajo bien hecho según unos principios básicos como persona humana y unos actos morales acordes con la situación actual, la política debería ser un mero instrumento para legislar y nada más, pero el problema es que la política se ha convertido en un nicho de corruptos, maleantes y embaucadores que pagan el esfuerzo de los ciudadanos con esa moral como moneda de cambio y que actúa como máscara de lo que realmente se esconde detrás, que es una falta de respeto, un engaño, una tomadura de pelo constante con la que al final nos robaran hasta nuestra propia identidad como personas y como parte vital de nuestra propia existencia y de un país. Esto es como matrix, que al final nos convertirán en pilas de usar y tirar, cuando ya no tengamos energía que ofrecer nos reemplazarán por otros a los que exprimir hasta que ya no quede nada más que sacar. ¿Donde está la moralidad aquí?

Los políticos son personas, y ante todo tienen que dar siempre muestra de ello, pero cuando traicionan a su propia personalidad y le da a una patada a la esencia que lo define mostrando su lado político y dejando las cuestiones morales a un lado, entonces es cuando hay que empezar a preocuparse de verdad. Los políticos nunca deben de dejar de prestarle importancia a la moralidad que los define como personas, lo más importante para la gente es el ambiente personal y esos valores morales, si eso se deja al descubierta y realmente se actúa como se piensa insisto no como político sino como persona, entonces se está ganando el derecho de confianza de la gente, que valoran más ese lado humano que mil promesas como político. Como consecuencia de la degradación de los atributos que definen a nuestros políticos se consigue que no haya confianza de la ciudadanía con respecto de aquellos y por lo tanto se carezca de cercanía. España tiene una imagen muy dañada por los diversos hechos maléficos y dañinos que muchos políticos españoles y empresarios relacionados con ellos han desarrollado y con los que han hecho sangrar a la ya maltrecha economía española, pero parece que eso les da igual ya que siguen absortos en su papel de salvadores del reino cuando ni siquiera son capaces de salvarse ellos mismos de su propio egocentrismo, egoismo, maldad, ineptitud, mentira, engaño y falta de respeto hacía la mano que los ha puesto donde están. Un político jamás de los jamases puede ni debe jugarse sus valores como persona para conseguir un fin político, tiene que estar a la par con ellos y verlo como el angelito que está en su hombre y que le indica que es lo que está bien y lo que está mal, pero si le hacemos caso al diablo, o lo que es lo mismo al sentido político, entonces la debacle será inminente y todo lo que nos define como personas será exterminado.

Desde que comenzó la crisis en el año 2008 hemos vivido en primera persona los efectos devastadores de ella, se han subido impuestos, suprimido ayudas sociales, reducidos los salarios, se ha liberado el despido... y mientras estamos viviendo ese momento pensamos que en no mucho tiempo y en base al ahorro que se supone se habrá generado en las arcas generales, podrá volver a establecerse la economía y volver al punto en el que cayó en picado. Pero han tenido que pasar unos cuantos años para darnos cuenta que más allá de esa crisis económica que nos salpicó fuertemente desde Estados Unidos, la verdadera crisis es política e institucional y por lo tanto también ética y moral, porque al aplicar determinadas políticas no se hicieron -ni se hacen actualmente- en base a los principios fundamentales sino a criterios políticos ambiciosos y corrompidos por la ambición y lo que es peor, por la traición indiscriminada a las valores globales de toda una sociedad. Creo firmemente que antes de depositar la confianza de un político tendríamos que tener un curriculum no solo laboral sino también sociocultural de su persona ya que es de primera magnitud tener una opinión clara y detallada de con quién estamos tratando para que si pasa el corte, saber si sus creencias morales van en conjunción con las de la sociedad y entonces ya entrar a valorar si sus creencias políticas coinciden con las nuestras. Hay casos en los que la política se ha sometido a la moralidad, como por ejemplo el que dio en 2010 el entonces Ministro de Educación Angel Gabilondo -hermano del periodista Iñaki Gabilondo- cuando anunció que pretendía que en el último año de la educación obligatoria -4º de la ESO- se pudieran diferenciar dos perfiles, uno a Bachillerato y otro orientado a Formación Profesional, lo cual quiere decir que los alumnos que terminen 3º de la ESO podrán elegir si quieren continuar con el curso siguiente o cambiar a FP. Es decir, se están planteando alternativas para que se pueda elegir la opción más adecuada y además convalidando asignaturas ya que el curso que se elija permitiría eso, además de tener materias propias de la rama que se adopta. Esto es a groso la receta que se planteó para que todo el mundo pudiera optar a estudios, un ejemplo de búsqueda para el bienestar de la sociedad y de política sometida a la moral.

Muchas han sido las personas que en distintos ámbitos o terrenos han remarcado la importancia de la moral ya no como seña de identidad sino también como seña de realidad. Sir Francis Bacon -primer barón Verulam, vizconde de Saint Albans, canciller de Inglaterra y uno de los padres del empirismo- dijo en una ocasión: *"Es muy difícil hacer compatibles la política y la moral"*, asimismo John Fidgerald Kennedy también dejó una reclama: *"La grandeza de un hombre está en relación directa a la evidencia de su fuerza moral"* y aquí en España Enrique Tierno Galván dijo que *" Toda gran revolución política es una gran revolución moral. Toda gran revolución moral supone una gran revolución política"*. Si atendemos a lo que nuestro deber y sentir general nos dicta nos daremos cuenta que por encima de cuestiones políticas están las morales y las éticas, y que como he dicho anteriormente, si se asientan bien los cimientos de nuestra personalidad podremos establecer unas bases de funcionamiento que terminarán de ayudar a esclarecer las dudas sobre la funcionalidad de la moral como concepto ético y su aplicación a lo político. La moral no deja de ser la forma de comportamiento de cada persona, pero hay otro factor determinante que actúa en ocasiones como árbitro entre el enfrentamiento de aquella con la política, y es la ética. La ética es una facultad que tenemos para darle forma a nuestra conciencia y nuestros actos para moldear nuestra personalidad, y esto se hace mediante la creación de hábitos y costumbres que nos afectan a nivel individual es decir, de íntimos juicios de valor propios de la persona y en esto choca de frente con la política porque ambos conceptos aunque en ocasiones van de la mano sus aceptaciones son diferentes, ya que esta última no enjuicia los valores internos del individuo sino los que se establecen por normas o leyes que regulan la sociedad en la que vivimos, o mejor dicho en la que sobrevivimos, por lo que es importante que se tengan en cuenta en esas leyes los derechos y voluntades de los ciudadanos, sin dejar de lado tampoco las obligaciones que las dictadas normas políticas obligan.

El concepto de moral es muy amplio ya que forman parte de él atributos como el amor, honestidad, amistad, generosidad, responsabilidad, prudencia, lealtad, libertad, justicia... muchos de ellos forman parte de la actividad política que les obliga sus cargos y otros son los que les define como persona física pero en cualquier caso todos tienen que andar unidos y a la hora de tomar decisiones se tiene que saber utilizar dichos atributos con una correcta utilización, ya que en el momento que se salta la barrera que divide ambos mundos, el político y el personal, dejamos de ser personas creíbles y eso se transmitirá a los actos que desarrollemos, provocando una falta de actitud y confianza por parte de la gente. Para que todos seamos leales a estos ideales -y sobre todo los políticos- se tiene que crear un sistema educativo que no se limite solamente a las asignaturas básicas escolares, sino también a la instauración de unos cimientos basados en la personalidad que nos haga ver las cosas con una perspectiva honorable, real, sincera y ante todo humana. De ese modo a la hora de desarrollar tareas de representación siempre tendremos al angelito de la moralidad encima de nuestro hombro guiando nuestras vidas sin que ello afecte a decisiones de tipo profesional ya que como digo ambas cosas tienen que ir siempre unidas pero diferenciadas de tal modo que no se utilice una de ellas para conseguir los fines que contradice la otra. Mientras tengamos valores morales, tendremos valores humanos. Aristóteles decía que *"lo que es moral es la acción que depende de la voluntad, si se actúa de modo correcto"*, y yo ante esto me pregunto, si todo depende de la voluntad de querer ¿Por qué no se actúa del modo correcto? Si algo caracterizaba a este filósofo es su búsqueda de la felicidad humana y de los medios para llegar a ella, de la voluntad de buscar siempre el equilibrio por un camino donde todos tenemos el derecho de tener lo mismo es decir, que siempre haya una conjunción de valores que nunca discriminen la posición de los otros, que todos tienen una función y por lo tanto más allá del fin al que se aplica siempre se aplique con corrección y de una manera justa. Creo que si los políticos hicieran un ejercicio de reflexión interior y sus pensamientos los pusieran encima de la mesa junto con los que le dicta su ejercicio profesional seguramente habría valores muy contrariados -como es el caso por ejemplo de la ley de reforma laboral, la ley de dependencia....- que traicionan los principios básicos de su imagen como persona dejando en manos de la política decisiones que competen al terreno personal y no al institucional. Es es el gran error cuando se juega con los valores morales, dejarlos en manos de normativas y leyes que destruyen todo lo que la sociedad a base de sudor y lágrimas ha conseguido construir.

Mientras no eres nadie y no tienes un puesto de responsabilidad está claro que las decisiones que se toman tanto a nivel personal como profesional se rigen a través de unos criterios en los que la balanza tiende a estar equilibrada dado que en ambos aspectos solo tenemos que responder ante nosotros mismos y por lo tanto actuamos como nos dicta la conciencia, sabiendo en todo caso lo que es correcto o incorrecto -con matices en algunos casos dado que pueda imperar dependiendo del tipo de persona el egoísmo o la falta de empatia con terceros-, lo que está bien y lo que está mal y lo que es honesto o no. A nivel institucional son muchos los casos en los que se dictan normas o estamentos en los que más allá de favorecer a los ciudadanos se les pone zancadillas con la excusa escondida de falta de recursos económicos o humanos pero en el fondo lo que está sucediendo es que sale la actitud egocéntrica y abusiva de diversos órganos de gobierno y con ello traicionar la confianza de los ciudadanos que no olvidemos que somos los que favorecemos que la economía fluya gracias a las aportaciones dinerarias en forma de impuestos. Digo esto porque a la hora pongamos por caso de pedir una subvención para la puesta en marcha de un negocio, se estipula un plazo en el que presentar documentación pero tiende a confusión cuando ese plazo viene dentro de lo que se llama "inicio de actividad", es decir, cuando se da de alta en la Seguridad Social y en Hacienda un trabajador autónomo cuando realmente lo que se hace es un "alta de actividad" y por el simple hecho de tomarlo de la forma que no es, podemos quedarnos sin esa aportación económica. A algunos no les iría mal volverse a poner Barrio Sésamo para volver a estudiar los valores básicos que ya de niños nos inculcan, pero en el momento que la razón se ve superada por el poder y la ambición ya todo lo demás da igual. La moral dicta que no es lo mismo un alta que un inicio, no es lo mismo que un jugador de fútbol fiche por un equipo y no juegue en toda la temporada y por eso se diga que ha participado en la conquista de algún titulo o ganado algún partido. Seamos honestos y pongamos los puntos sobre las ies, es inmoral y va en contra del raciocinio el pensar que me doy de alta como autónomo y por eso ya estoy ejerciendo cuando el alta. Ese es sólo el primer paso, ya que en la mayoría de los casos -en los cuales me incluyo- cuando se monta un negocio siempre hay papeles y burocracia varias además de si hay que realizar mejoras estructurales en el lugar de trabajo, pero eso a los maestros de la burocracia les da igual. Los valores que nos definen como personas pasan a un segundo plano y son los intereses políticos y normativos los que a base de traicionar la moral consiguen sembrar un terreno de malas praxis y desconcierto social que acaba contaminando los procedimientos de los que se apoyan los ciudadanos.

La primera norma que habría que te tendría que aplicarse cualquier valiente que se quiera dedicar a la política es que un buen político debe ser a la vez un buen ciudadano, pero esos más allá de ver al ciudadano como uno más de su clase lo ven como un ser inferior, como alguien al que se puede manejar y eso es porque los políticos carecen de visión moral ya que no ven a los ciudadanos como personas y por lo tanto como un signo de dignidad y empatia. La vida se compone de normas, en algunos casos originadas por la propia naturaleza y en otras ocasiones dictadas por los humanos pero en cualquier caso siempre lo que dicta el funcionamiento de una sociedad tiene que estar en equilibrio con lo que viene reglamentado por los órganos legisladores, tiene que haber una comunión de principios que cogidos de la mano sepan como actuar en que momento, en que condiciones y con que condiciones. Eso quiere decir que en una sociedad perfecta tiene que haber un comportamiento perfecto y eso implica preocuparse y establecer medidas que corrijan y mejoren la situación de un país como el nuestro, infectado de normas abusivas que tienen como único fin justificar con argumentos neandertales la falta de apoyo para los desempleados, las ayudas a la ley de la dependencia, medidas para evitar los desahucios... mientras no haya ese "equilibrio" de valores será como si el diablo triunfe ante el angelito y si eso es así se convertirá -si no lo es ya- en una rueda que a base de trompicones levará nuestro país al desastre. Lei hace un tiempo que los ciudadanos están "llamados a obedecer" los pactos que generan los órganos de gobierno generalistas, ¿Obedecer el que? Las normas las dictan los políticos si, pero en base a una serie de criterios ajenos al concepto de orden social y ético que se supone tienen, se deberían establecer patrones de actuación que permitieran que todos los actores que forman parte del día a día de un político estuvieran en perfecta conexión para que ninguno de ellos contamine al otro y por lo tanto se sepa diferenciar cuando actuar de una manera y cuando de otra pero siempre partiendo de la base que la moral y la ética que nos define siempre va a ser la que tiene que guiar la conducta en todos y cada uno de los casos en los que nos encontremos.

España tiene la tasa de paro más alta de toda la Unión Europea, un alto índice de fracaso escolar, ciudadanos desesperados por la crisis económica que afecta a su presente y futuro que acaban prendiéndose fuego como medida de protesta, salarios mínimos por los suelos, reducción de ayudas sociales, deformación de la ley de dependencia... todo debido a una política de austeridad que más que actuar como bola de cristal para deslumbrar un futuro renaciente nos lleva a una situación cercano a la miseria más miserable y a una situación que lleva todos los números para que no podamos controlarla y se convierta en algo insostenible, y si a eso le sumamos los casos de corrupción que nos azotan casi diariamente... ¿Donde está la moralidad aquí me pregunto de nuevo? ¿Donde? En el bolsillo de algunos, es el valor monetario de sus actuaciones, el premio por actuar de espaldas a sus propias convicciones y a la traición al ciudadano, es esa moneda de cambio que define este capítulo y con la que se pone precio a un país que como nos descuidemos lleva camino de perder sus propios valores y su integridad. Mientras no haya medidas que realmente cuiden y se preocupen de verdad por fomentar el empleo y el bienestar social de las personas entonces vamos directo al hoyo. Todo esto lleva a un estado de degradación moral la cual hereda una serie de causas que acarrean un estado de depresión que nos afecta de lleno a todos pero la Unión Europea nos pide más recortes, que nos apretemos más aún el cinturón, ¿Y a quién nos afecta? A los ciudadanos de a pie a través de normas que el propio Gobierno establece si reflexionar y estudiar seriamente -para eso tienen tantos asesores- cuales son las medidas más acordes para garantizar el no quebrantamiento de la sociedad y su ruina, los métodos que sin afectar seriamente la integridad social y económica que se pueden utilizar y que relajen y devuelvan la confianza a través de procedimientos transparentes que hagan ver a todos el colectivo de españoles que se puede de verdad confiar de nuevo en los políticos.

Hay una serie de causas reales que bajo mi punto de vista son las causantes de esta depresión social: La gente tiene miedo a los más poderosos pero sin embargo les seguimos votando, siempre a los mismos, ¿Por qué? Cuando hay una manifestación siempre hay un grupo de pacíficos que acaban siendo apaleados sin que tengan opción a defenderse y lo que es peor, a expresarse. ¿Quién juzga a los que oprimen y castigan estos actos de protesta? ¿Acaso el ciudadano no tiene derecho a expresarse? Con métodos violentos desde luego no porqué esos no tienen ningún motivo más que la sola expresión de la violencia pero el resto tienen que ser escuchados,y yo me pregunto ¿En alguna ocasión en este país el gobierno que en ese momento esté en el poder se ha molestado en investigar y tener en cuenta a las personas afectadas independientemente de su ideología política? Que sigamos actuando y viendo la realidad a través del prisma de la ideología... lo he dicho anteriormente y sigo insistiendo en ello, es de una falta ya no de moralidad sino de lógica, raciocinio, inmadurez y sobre todo un aspecto tan poco útil y absolutamente retrógrado. Las clases sociales son a día de hoy un paradigma de desigualdad, antes de que entráramos en crisis aún existía un cierto criterio y no había un volumen tan alto de dicho concepto, pero ahora hay 5 millones de parados en España, del total de gente empleada hay 17 millones de mileuristas y en una gran mayoría de los casos con contratos de trabajo temporales que no tienen posibilidad de continuar y si ya nos metemos con el hambre que muchas familias pasan teniendo incluso miembros trabajando debido a la subida de las necesidades básicas -agua, luz, comida...- entonces ¿Donde está ahí el resultado de los ajustes? ¿Donde está ahí la cercanía con la gente? Hemos llegado a un extremo en el que incluso las familias antes comentadas tienen que recurrir a Cáritas o a otros organismos para poder comer. En cualquier caso siempre vamos a estar dominados por los hechizos de una clase política que carece de fundamentos y valores morales y que diseñan el país a base de brochazos según sus propios criterios y necesidades ignorando lo que realmente se necesita. ¿Donde está aquí la moralidad? ¿Donde está ese estado de bienestar? ¿Donde están esos brotes verdes que nos dicen se están viendo? Pues yo creo que se los han fumado porque si al menos nos llegaran de verdad y lo viéramos con nuestros propios ojos a través de actuaciones políticamente morales, si hubiera una buena distribución de los mismos y con ellos pudiéramos vivir todos los españoles como deberíamos, entonces casi con toda seguridad tendríamos otro motivo para "creer" de nuevo en la política y los gobernantes.

El poder es una forma de manifestación política contaminada por la ambición cuando lo que debería ser es un medio eficaz a por el que establecer los dictámenes y medidas necesarias para la resolución de conflictos y problemas, así como para escalar posiciones a nivel nacional en sectores hoy castigados precisamente por la falta de seriedad y preparación de los susodichos políticos, pero siempre desde la honradez. Una de las grandes mentes de la humanidad Albert Einstein decía que *"hay una fuerza motriz más poderosa que el vapor, la electricidad y la energía atómica: la voluntad"*, pero esto aplicado al día a día tiene dos vertientes, la propia y la general, y está última brilla por su ausencia. Cuando hay unas necesidades reales que la gente reclama ahí tienen que estar los políticos para coger las riendas de la situación y dirigir todas sus fuerzas a la resolución de ese fin pero siempre tomando como referencia la base de los principios morales que nos definen como persona, pero es que toda esta traición moral va más allá porque encadena sentimientos y percepciones en forma de esperanza que acaban siendo demolidos, tal y como dijo Nietzsche, *"la esperanza es el peor de los males, pues prolonga el tormento del hombre"*, así que si queremos que esta esperanza no se desvanezca tenemos que tomar medidas serias para abrir los ojos a los gobernantes sean del partido que sean y ocupen los puestos que ocupen ya que están dirigiendo nuestras vidas, los hemos votado para ello, ya sea en forma de manifestaciones o de reclamas -siempre desde el punto de vista legal y sin actos violentos- que abran por fin sus ojos bañados de avaricia y despreocupación general y vean la realidad que tanto unos como otros han puesto en nuestras manos, una realidad que no quisiera yo ni en sueños porque tal y como está diseñada afectará incluso a próximas generaciones. No vivimos eternamente y por ello tenemos que intentar que nuestras vidas sean lo más cómodas posibles -moralmente hablando, las cuestiones materiales no son contenido de este capítulo- y lo que no podemos permitir es que sean los demás los que con sus actos nos las dirijan traicionando su propia ética y respeto tanto propio como ajeno, rompiendo de raíz con las convicciones inequívocamente morales y éticas porque como dijo Séneca: *"en tres tiempos se divide la vida: en presente, pasado y futuro. De éstos, el presente es brevísimo; el futuro, dudoso; el pasado, cierto"* y ya que el pasado no lo podemos cambiar, tenemos que procurar que tanto presente como futuro lo vivamos en un entorno de igualdad y de correctos valores morales.

Sócrates además de uno de los grandes de la filosofía y maestro de Platón, además era una persona inteligente por muchos aspectos, para él era más importante el diálogo que la escritura, le gustaba conversar y escuchar a la gente utilizando un método con el que estos descubrían dentro de sí sus propias verdades, además evitaba relacionarse con la política y defendía varios conceptos individuales entre los que estaban la justicia y la virtud, estableciendo de esta última que *"puede conseguir que la gente sea y actúe conforme a la moral"* añadiendo que además la virtud representa a su vez ser poseedor de conocimiento y que todo aquel que conoce el bien actuará de manera justa. Reflexionemos sobre esto apuntado, ¿A día de hoy existen algún tipo de paralelismo o semejanza entre las enseñanzas de Sócrates y las de los que nos gobiernan? Las personas nacen con unos valores que les acompañan toda la vida, también en el mundo moderno, pero la diferencia está en que estos son constantemente traicionados por otros de menor valor, dañinos y de fuerte impacto social por personas que carecen de fundamentos éticos y humanos, que lo único que les importa es alcanzar la cima de sus pretensiones para beneficio propio y obtener un estatus social engañando a los ciudadanos con falsas promesas, con actos delictivos que empobrecen a una sociedad que está sufriendo ya el impacto ocasionado, convirtiendo a España en un país de corruptos e indeseables y por mucho que se venda la marca España fuera de nuestras fronteras, la realidad es que hemos perdido muchos puntos y en la Unión Europea seguimos estando en el punto de mira, afortunadamente hemos salido de posiciones de peligro que nos situaban junto con Grecia e Irlanda en zona de peligro, pero mientras no cambiemos nuestra forma de ser -políticamente hablando- y planteemos un presente y un futuro con hechos reales basados en la ética y lo racional y no en valores políticos enfermos de ambición y engaño, seguiremos viviendo en un país que lleva camino de ir a ninguna parte.

Immanuel Kant, filósofo alemán del siglo XVIII, ha aportado al pensamiento universal diversas notas perdurables en el tiempo y que se pueden aplicar perfectamente al terreno político actual, una es evidente: *"con el poder viene la responsabilidad"*, y como consecuencia de ella se tienen que establecer parámetros y directrices coherentes porqué la cuestión no está en tomar decisiones, *"no son las consecuencias de la acción lo que hacen que sea buena o mala, sino cual es la motivación del individuo al llevar a cabo el acto"*, las cuales tiene que ser ejecutadas dentro de un entorno real y sobre todo transparente y honesto que permita hacer ver con claridad que *"vemos las cosas, no como son, sino como somos nosotros"*. Hay además otro planteamiento que hace Kant y que es importante destacar especialmente y que completa los dogmas filosóficos anteriores, quizás es el que más lógica aporta al pensamiento actual y que podemos aplicar tanto al terreno personal como al político: *"ningún hombre debe ser un medio para que otro hombre realice sus fines"*. Asimismo estableció el concepto de "imperativo categórico" -el cual tiene como misión regir el comportamiento humano sea cual sea el tipo de manifestación sin tener en cuenta la ideología, entre otros conceptos-, mediante el cual *"toda la moral del ser humano debe poder reducirse a un solo mandamiento fundamental nacido de la razón, a partir de la cual se pueden deducir el resto de obligaciones humanas"*. Creo que si conseguimos establecer unas normas de conducta y un pensamiento conjunto, y aplicar no solo los conceptos que dicta Kant sino otros que nos ha dejado la historia, podremos tener una idea mucho mejor elaborada y más clara de como conseguir ser una sociedad unida, y sobre todo leal y firme ante unos propósitos y convicciones reales y únicas por y para todos.

Personalmente creo que es un error el condicionar las actitudes y formas de pensar racionales con las políticas, son dos entes totalmente diferentes con mecanismos de actuación diferentes y metas diferentes, por lo que todo campo que de cobijo o permita la convivencia con la política es una invitación a la aniquilación de los valores que nos define como personas y a la expropiación de todo lo que nos define como sociedad. Si nos paramos a pensar un segundo en la influencia que la política tiene en nuestras vidas es de preocupar, todo está establecido y regulado sobre unas normas políticas que pasan de largo por encima de nuestra propia identidad, que se asocian a cualquier forma de expresión o de decisión para de esta manera crecer y expandirse como si de una célula cancerígena se tratara hasta que no haya nada que nos identifique como personas. Todo esto no dejan de ser más que opiniones personales pero no están exentas de verdad, es evidente que los españoles estamos hartos de la clase política, que hemos perdido la confianza en ella y que los partidos son conscientes de ello y por lo tanto están trabajando en recuperar esa ilusión pero me pregunto yo... ¿Que ilusión? ¿La de ellos o la de los ciudadanos? Pensemos en eso, reflexionemos sobre cual es el cometido de la confianza y que garantías nos da.

Es muy importante generar planteamientos a nivel interno sobre todo cuando se tienen que tomar grandes decisiones, de como focalizar nuestras intenciones y más cuando se trata de objetos políticos ya que estamos poniendo en juego el valor no solo económico sino social de un país como España, porque si no hacemos nuestros propios juicios de valor no podemos considerarnos personas completas y racionales. Los programas políticos no dejan de ser unos meros actos de intención los cuales se quedan en la mayoría de los casos en eso, en intenciones, y solo pasan a la acción cuando ven peligrar su credibilidad o han hecho erróneas mediciones de sus políticas. Si examinamos con lupa todas y cada una de las actuaciones de los políticos: entrevistas, discursos, comunicados... de cualquier otra forma de expresión que nos dictan los políticos -incluida las ruedas de prensa a través de plasma o la intervención en programas televisivos ajenos al cometido que tienen- tenemos que ser capaces de extraer de ello unas conclusiones que reafirmen nuestra creencia o no en lo que nos dicen, ya que si somos capaces de descodificar sus planteamientos seremos capaces de saber desde el segundo uno si esa persona que representa a ese partido político es de fiar o no.

Todo se basa en lo mismo: ideología. Es la triste realidad de todo esto, nada esta a salvo de esta, no hay fundamentos racionales que le ganen la partida ya que todos los actos y decisiones se hacen por y para la gente que tiene una forma de pensar ideológicamente coincidente con la de los que dirigen o tienen intención de dirigir nuestras vida: los políticos.

Todo lo expuesto en este capítulo, siendo honestos, no tendría que reflejarse por medio de argumentarios dictados por el que escribe, debería de ser un manual de comportamiento ético creado por todos los ciudadanos, que de ejemplo y marque unas pautas de funcionamiento, porque al fin y al cabo somos nosotros los que a través de nuestra confianza en los representantes políticos estamos dirigiendo el rumbo del país. Los políticos no son más que un mero instrumento de acción pero que con el tiempo se ha ido distanciando del vínculo social y por lo tanto tomado decisiones no en base a criterios generales sino a criterios personales movidos por un condicionamiento político. Ese arma de acción al que hago referencia tiene la fuerza y la intención necesaria para poder alcanzar el objetivo para el que fue diseñada, el problema es que no está en manos de una sociedad a la que se le debe respeto sino que la mano que maneja ese arma está en manos de una serie de individuos que tienen para ella otra utilidad diferente. Hoy en día cualquier objeto o intención que aparentemente resulta inocente, puede resultar mortal si se juega mal con él y este es el caso de lo que sucede en España. A base de engaños y falsas promesas se consigue que ese arma adquiera un valor más mortífero y lo que es peor, que pase de unas manos a otras. Que depositemos la confianza en alguien implica que ese alguien también sienta ese compromiso como parte de su deber ético y moral, pero cuando en su lugar se utiliza la ambición y la hipocresía, se está traicionando esa confianza y se está jugando con el presente y el futuro de todos aquellos a quienes representan, y no solo a los militantes, a la completa totalidad de los ciudadanos. Valores como el respeto, la justicia, la honestidad... son condicionantes que van juntos y son comunes al resto de valores éticos y morales no solo en el ámbito personal, sino también en el empresarial y en el institucional, valores que tienen que estar siempre presentes dentro de todo orden moral, sobre todo cuando se tiene la gran responsabilidad de devolver al ciudadano esa confianza que se merece a través de proyectos y realidades necesarias no solo para él, sino para la totalidad del país a base de propuestas sinceras, leales y encaminadas a realizar hechos objetivos.

La ética y moral a la hora de aplicarlo a la política tiene que conservar sus funcionalidades originales, su esencia y su significado, su inquebrantable coraza, pero sobre todo tiene que reflejar unas intenciones cercanas y honestas que hagan que el ciudadano confíe en el político. Una persona sin sentimientos no es humana, y sin valores no es nada. Esos valores son los que definen el comportamiento que marca el camino por el que dirigirá siempre sus pasos y por tanto los del conjunto de los españoles, es fundamental establecer un estudio exhaustivo del perfil de la persona o personas que buscan obtener ese voto a su favor para tener la completa convicción de que es la persona adecuada. Como dijo Groucho Marx: *"la política es el arte de buscar problemas, encontrarlos, hacer un diagnóstico falso y aplicar después los remedios equivocados"*, y todo ello es porque se separa la política de la ética y la moral, o más bien se "inventa" o se adapta a los fundamentalismos políticos y hacer eso es como traicionarse a uno mismo y lo que es más grave aún, a la gente ante la que se tiene la obligación de responder ya sea militante o no del partido político que sea, porque nunca se debe basar la moralidad en la política sino la política en la moralidad. Mientras no se sea capaz de entender eso no se será capaz de entenderse uno mismo y a los demás, y por lo tanto actuar con la cabeza y no con el bolsillo.

Uno de los problemas que acarrea actuar de forma unicamente política es utilizar armas que al basarse en los diversos comportamientos ideológicos nunca dan en el blanco adecuado, es como disparar a ciegas confiando en nuestros propios ideales ideológicos y no en los lógicos. Es por ello que como dijo Winston Churchill: *"la política es más peligrosa que la guerra, porque en la guerra sólo se muere una vez"*, pero el problema va más allá y es que la política es como una plaga que nunca se acaba de exterminar por mucho que a través de los votos se intente cambiar, es un concepto contaminado de despropósitos y de ataques a todo lo que nos define. Cuando se tiene la responsabilidad de dirigir a un conjunto más o menos pequeño de ciudadanos que han deposito la confianza en un partido político, es misión de obligado cumplimiento atender, escuchar y actuar conforme a lo que necesita la gente aplicando para ello nuestros conceptos morales que son los de todo el conjunto de los ciudadanos, y sobre eso, la política que como cargo público tiene la obligación de adoptar pero siempre con la ética y moralidad personal por delante, hay que entender y ponerse en el lugar del ciudadano y responder con hechos y buenas praxis a esa confianza depositada. Los políticos tienen como único fin en su vida ostentar el poder y contaminar la vida de la gente a través de sus pensamientos y creencias basadas en la maldita ideología ignorando para ello -básicamente porque les da igual- o mejor dicho, pasando olímpicamente de conocer bien a las personas. Todo parte de lo mismo, la moralidad incluye conceptos como la dignidad o el respeto los cuales forman la estructura básica de lo que nos define como personas humanas, y por lo tanto estos valores tienen que estar siempre en concordancia con la resolución de problemas que los políticos tienen que instruir y corregir de acuerdo a sus conceptos morales. La moralidad es en resumidas cuentas, nuestra forma de vivir la vida y por lo tanto establece unos comportamientos que son los que nos definen y los cuales no deben de andar siempre por detrás de otros con carácter político.

Cuando se asume una responsabilidad como consecuencia de un acto de confianza por parte del ciudadano tiene que existir un alto grado de compromiso con la sociedad, y si se es leal a la racionalidad y hacemos caso a la conciencia personal nunca existirá la seducción maléfica de engañar y robar, sino de luchar y defender los intereses de todos aquellos a quienes representan e insisto, no solo a los militantes. Los políticos tienen y deben de ser todos completamente transparentes y ponerse a disposición del ciudadano en todo momento para que estos pudiéramos conocerles, tener entrevistas con ellos, que nos abran su corazón y nos hagan partícipes de sus valores para así mantener o conseguir esa confianza en ellos, si conseguimos eso y además extirpar ese tumor terrible que es el de la corrupción habremos dado un paso muy importante.

A día de hoy nuestros políticos forman parte de un entramado de maléficas intenciones, sus ambiciosos planes de llegar a la administración pública tienen como finalidad el enriquecimiento, el engaño y el saqueo por supuesto ilícito de todas las riquezas que disponemos, ya sean económicas o sociales, sin importarles el enorme sacrificio que hacemos entre todos y el perjuicio que nos ocasionan, haciendo todo mella en nuestro bienestar social y si nada lo cambia también en el de nuestros hijos, porque la herencia que van a recibir podría ser igual o peor que la que nos están dejando ahora. Desde luego son muchos los valores que están traicionando nuestros políticos, ni son honestos, ni leales, ni cercanos, y mucho menos en algunos casos se les podría considerar personas, han creado unos contravalores que son con los que están jugando y con ellos infectando y produciendo un quebrantamiento social de una amplitud más que preocupante, pero a ellos les da igual. Esto es como cuando contratas un servicio de telefonía que te venden la moto de todo muy bonito, una buena oferta y todo ventajas pero ¿Que pasa si no estás a gusto y quieres darte de baja? Entonces no nos encontramos más que problemas, pues esto es lo mismo. Los políticos derrochan verborrea a través de promesas basadas en una supuesta moralidad pero a la hora de la verdad se queda en nada, porque esta acaba siendo pisoteada por sus intenciones políticas y no tenemos medios efectivos ni legales para poder cambiar la situación.

El logro de la recuperación de un estado de bienestar viene dado por el trabajo que los políticos desarrollan tal y como dictan sus funciones, las cuales tienen que estar regidas por unas normas de conducta leales y honestas. Depositar la confianza en un político se ha convertido en los últimos años en una empresa de enorme dificultad por los casos comentados en el capítulo anterior, y es por ello por lo que si aquel busca de nuevo la confianza del ciudadano en su idea de llevar un país, un pueblo o una ciudad, debe de dar muestras de respeto para aquellos a los que quiere que le voten. Para ello hay dos valores que a diferencia de otros no pueden ir nunca juntos: miedo y confianza, y que el dramaturgo francés François de Curel se encarga de puntualizar afirmando que *"el miedo y la confianza no pueden nunca marchar de la mano"*.

Es evidente que esta conclusión llevada a otros aspectos más personales relacionados con la vida privada de las personas puede no ser del todo aplicada, pero cuando se trata de poner en manos de otras personas el timón del barco tenemos que tener la seguridad y la confianza de que nos va a llevar por el camino adecuado, si lo hacemos con miedo y sin conocer al detalle quien nos dirige, lo más probable es que acabemos perdidos en mitad del océano social y lo peor de todo es que no habrá nadie preparado que sepa enderezar el rumbo. Un político debe ser siempre coherente, fiel a sus principios y a los de la sociedad a la que representa o aspira representar, y aún así existe evidentemente el temor a equivocarse pero en determinadas circunstancias no se puede uno permitir ni un frágil margen de error, *"en política el arrepentimiento no existe, uno se equivoca o acierta"*. De esta afirmación del político español Santiago Carrillo saco como conclusión que un político a la hora de tomar una serie de decisiones, ha de hacerlo con criterios bien estudiados y siempre tomando como contrapartida unos valores que en concordancia con los que tiene establecidos con su cargo hagan una perfecta comunión, y juntos le lleven a tomar unas decisiones correctas.

Todos podemos equivocarnos en un momento dado, pero si lo hacemos al menos que sea con la satisfacción de haber utilizado todas las herramientas políticas y morales en nuestra mano para conseguir el fin marcado por la ciudadanía, y no lo que le parece a uno u otro político.

La política tiene una misión fundamental que es la toma de decisiones para lograr unos objetivos, la búsqueda de la garantía de los intereses de la gente dejando de lado ambiciones u otros intereses particulares, y garantizar el éxito principal de esa misión es responsabilidad de la ética, y cuando esta es pisoteada e ignorada es cuando nos encontramos con prácticas corruptas que dañan los valores fundamentales, éticos y morales que nos definen como personas.

Al final todo depende del mismo padre: la ética. Esta establece dos principios que son generales para todo el mundo como son el establecimiento del bien y el mal, o lo que es lo mismo, lo correcto y lo incorrecto. Para aplicar esto no hace falta ser ingeniero ni albañil ni político ni pescadero, simplemente ser una persona racional que siempre tome esas consideraciones independientemente de la labor a la que se dedique, en el caso de los políticos no existe diferencias entre lo correcto o lo incorrecto o más bien no deberían existir, pero como todo esta relacionado con pensamientos ideológicos nunca podremos llegar a un punto común que marque con firmeza la delgada línea entre el bien y el mal y que además se respete, eso es fundamental. La política está para dictar normas de actuación beneficiosas y nunca maliciosas, aunque esta claro que en época de crisis no todo se puede plantear de la manera que nos gustaría pero si se toman medidas duras tienen que ser de aplicación para todo el mundo, no solamente para algunos, nunca se pueden obviar lo que nos define como personas, y por lo tanto siempre hay que pensar y actuar para el bien común.

Desgraciadamente la política se ha convertido en un instrumento más que para establecer normas de general aplicación, en un instrumento de manipulación y de control de la gente con la única finalidad de extirpar todo lo que nos define como personas, en borrar todo existencialismo ético y moral y poner de manifiesto leyes y normas diseñadas por mentes avariciosas e hipócritas que utilizan la esperanza de las personas para llegar al poder y establecerse como salvadores de su propia avaricia. El respeto y sobre todo la cercanía y legalidad de los actos están empañados de contravalores con los que se está creando un nuevo tipo de entorno político enfermizo que está acabando con la paciencia de una sociedad harta que ya no se identifica con todo lo que antaño definía a España como un país próspero.

Sobre todo esto aquí expuesto debemos hacer un profundo ejercicio de reflexión, analizar el entorno que nos dirige e intentar dar con mecanismos que calen hondo en el pensamiento ideológico de aquellos que juegan a un doble juego en el que sea cual sea el resultado siempre salimos perdiendo. No hay que olvidar que está en juego el prestigio de un país, España, herido de gravedad por herramientas políticas bañadas en incoherencia y desprestigio que más allá de dar en el blanco y aniquilar todo aquella que nos amenaza, refuerza más aún si cabe la temible creencia de que estamos en un claro declive de unos valores morales y sociales, mientras que cogen fuerza los contravalores políticos. En una ocasión Roy Disney -empresario norteamericano y hermano y co-fundador del emporio Disney- dijo: *"no es difícil tomar decisiones si uno tiene claro sus valores"*. Creo que esta reflexión resume de un modo más o menos general lo que intento reflejar en este capítulo, una fidelidad a unos principios éticos y morales que sean los que rijan las directrices de actuación para la correcta dirección de un país, y en ese momento es cuando entran en juego los valores políticos, pero solo en ese momento, para que a través de la leyes se lleven a cabo operaciones que den como resultado la viabilidad de unos resultados, de unos actos políticamente correctos, de unas creencias que van más allá de la ambición política sino de la ambición general de progreso como país, y por supuesto de unos comportamientos con y para el pueblo dignos de auténticos representantes políticos.

Finalmente, para concluir el capítulo voy a hacerlo permitiéndome hacer mía esta declaración de la filósofa norteamericana Ayn Rand: *"cuando advierta que para producir necesita obtener autorización de quienes no producen nada; cuando compruebe que el dinero fluye hacia quienes trafican, no bienes, sino favores; cuando perciba que muchos se hacen ricos por el soborno y por influencias más que por el trabajo, y que las leyes no los protegen contra ellos, sino, por el contrario son ellos los que están protegidos contra usted; cuando repare que la corrupción es recompensada y la honradez se convierte en un auto-sacrificio, entonces podrá afirmar, sin temor a equivocarse, que su sociedad está condenada".* Creo que esto invita a pensar en las consecuencias de permitir que determinados personajes tengan la batuta del poder, nos invita a reflexionar y a que una sociedad civilizada y con ganas de recuperar la reputación perdida se haga oír y abandone la opresión social provocada por la ambición personal y la traición a unos valores de unos personajes que están llevando al caos a un país como el nuestro. Y también un mensaje para todo el entorno político, un mensaje que ensalce su compromiso y por que no, de invitación para ayudarles a encontrar el camino para la correcta instauración y convivencia de los valores políticos y morales, como dijo Platón: *"buscando el bien de nuestros semejantes, encontraremos el nuestro".*

CAPITULO 3
¿Qué queremos?

Delicada pregunta. Como todo ser humano, es normal que en la faceta normal de nuestra vida siempre haya momentos y circunstancias que nos haga plantearnos cuestiones como esta, pero no se trata no solo de la toma de decisiones a nivel personal si no que van más allá, de decisiones que afectan a los más de 40 millones de personas que vivimos en España, entonces si llegamos a este planteamiento es porque es tal el desorden que reina que no sabemos ya ni donde vivimos. Pero el problema ya no es solo esto, el problema es saber lo que queremos de verdad en base al presente actual y como vemos el futuro cercano, el pasado pasado está y ahí debemos dejarlo. Un país con clara intención de ser referente y recuperar una credibilidad destrozada a manguerazo político ha de ser claro con respecto a sus intenciones y aspiraciones, no se debe dejar boicotear por idealismos antagónicos o viejas normas del pasado y debe ser feroz y constante en el ejercicio de sus intereses, suyo y de los ciudadanos que en él conviven, teniendo siempre presente la realidad actual en la que vivimos y con la que poder diseñar un futuro creíble y esperanzador.

Este es el primer paso para poder tener claro de que va todo esto del estado de bienestar y esto depende enteramente de nosotros y para ello debemos utilizar los medios que hay a nuestro alcance para conseguirlo y para ello tenemos que saber antes que nada que es lo que queremos nosotros los ciudadanos. Este es el punto de partida desde el cual despega todo lo demás, los ramales que luego marcan la trayectoria de los diferentes objetivos parten primero de este planteamiento interno, pero esta pregunta es solo la primera de muchas que hay que hacerse cuando tienes el deber moral, el derecho también, de establecer puntos de inflexión desde los que dirigir las aspiraciones de un país a través de la confianza que depositamos en los políticos. Hay que administrar mecanismos para que luego sean los representantes políticos los que se encarguen de utilizar los mismos, pero el problema es que en vez de atender al manual de instrucciones o a lo que dicta el ciudadano, el político recoge el testigo de ese instrumento y lo usa a su antojo partiendo siempre de lo que él considera que tiene que ser el uso legítimo y no el que realmente es y para el uso para el que fue diseñado.

Para poder dar respuesta coherente a la pregunta hay que plantearse también "cómo lo queremos" y "en que momento lo hacemos", es fundamental establecer este orden para poder llegar a obtener nuestro fin objetivo, el bienestar social. Para esta misión se tienen que poner de acuerdo tanto los políticos como la ciudadanía a través de una serie de resoluciones que tengan en común el acuerdo por establecer los mecanismos de actuación dirigidos por la resolución de las respuestas para las preguntas establecidas.

¿Qué queremos? Ante todo la defensa de los derechos y libertades, las cuales han sido pisoteadas sin compasión durante varias legislaturas con la excusa de la falta de recursos económicos principalmente, unos recursos que han sido nefastamente distribuidos y que han sido disfrazados de que eran necesarios establecer por culpa de la crisis. Lo que deseamos los españoles es lo que tiene que recogerse por parte de los partidos políticos, los cuales tienen que valorar y establecer una serie de prioridades en base a lo que más está afectando o es susceptible de mejora para optar a subir puestos en el ranking de países más evolucionados y con más índice de superación en todos ámbitos. El azote de hechos como el desempleo, la marginación social, la pobreza, el fracaso escolar, la corrupción, la sanidad, los recortes... son males que a día de hoy son palpables por la inmensa mayoría de los ciudadanos los cuales viven un profundo estado de abandono por la falta de soluciones reales y efectivas para la lucha de las mismas. Según datos recogidos en 2014, el desempleo es la primera preocupación de los ciudadanos, seguido de la corrupción, los problemas económicos en general y como no, la clase política. Yo quizás pondría en primer lugar esta, ya que es la que dicta las "políticas" sobre las que actuar sobre todo lo comentado arriba, es lo que define como actuar y sobre que actuar, las medidas a adoptar y el tiempo que durarán esas medidas, en definitiva todo. La clave de todo es la intención de crear soluciones y predecir futuros males para de esa forma tener muy claro "lo que queremos". Antes de la toma de decisiones sobre un hecho u otro hay que elaborar una planificación ya que esta implica definir el futuro, y para ello, hay que establecer previamente un análisis de la realidad, es una actividad de obligado cumplimiento para la correcta administración de los recursos porque si no se hace este ejercicio y dejamos que los problemas se solucionen sobre la marcha dejando en manos del azar estas tareas nos arriesgaremos a maximizar los riesgos de meternos en una vía de difícil escape, no podremos aprovechar todas las oportunidades de mejora y asentamiento de los diferentes valores institucionales y sociales, y nos será imposible detectar a tiempo las posibles amenazas a los objetivos y actividades políticas a desarrollar por los diferentes órganos de gobierno.

La planificación engloba no solo a los objetivos del gobierno español sino que es misión también que por parte de las diferentes autonomías se establezcan objetivos encaminados a lograr el éxito de cada una de ellas, solo de esa manera se podrán conseguir las metas previstas y de la manera prevista para cumplirlos, y para ello tiene que haber una dirección general que sea las que dicte las diferentes acciones por parte de los diferentes agentes políticos siempre tomando como referencia las necesidades de la gente. Nunca olvidemos que somos los ciudadanos los que tenemos el poder, somos los que con nuestra voz y voto decimos lo que necesitamos y ahí están los políticos para recoger el testigo de nuestras peticiones y actuar en consecuencia con ellas para cumplirlas. Los políticos no están más que para establecer y ejecutar las acciones encaminadas a la mejora social y a la puesta en funcionamiento de directrices dirigidas al mantenimiento de esas acciones. Particularmente considero que además de políticos, debería existir una representación ciudadana en forma de "personas" y no de "personajes" en las diversas instituciones que hablen en primera persona y en forma de auténtica representación de los intereses ciudadanos. En un momento en el que la clase política está empañada de corrupción y de carencia de credibilidad, tiene que ponerse en marcha una serie de alternativas que expongan una imagen nítida de lo que pasa en nuestro país, que sean los que ponen encima de la mesa los problemas, soluciones y prevenciones, y elaboren con los políticos las normas para poderlas poner en marcha.

Es un error de gran trascendencia dejar absolutamente todo en manos de los políticos, a día de hoy los ciudadanos somos los pardillos a los que les venden la moto diciéndonos lo que queremos oír para que luego los políticos hagan todo lo contrario. Si lo que queremos es tener un respetable estado de bienestar para empezar tenemos que respetarnos todos y ayudarnos todos, ya que el problema de uno también puede ser el de muchos, y la solución para uno puede ser la solución para muchos. Todos somos una gran familia y como tal hay que tomarlo, en el momento que traicionas los intereses de tu país estas traicionando a tu familia, a la que te da de comer, a la que deposita en ti la confianza y así funcionamos ahora mismo en España. Nosotros los ciudadanos somos marionetas que bailan al son que marcan los políticos y ya es hora de que cobremos vida y cortemos las cuerdas, cojamos el rumbo de nuestro propio destino y definamos entre todos siempre de forma legal y "apoyándonos" en la clase política, las normas de actuación para esa ansiada y deseada paz económica y social.

Queremos identidad, ser imagen de una España en la que se puede creer y se puede apostar, y para ello tenemos que decir en Europa que las medidas que se toman son siempre buscando el máximo beneficio para la gente y nunca lo contrario. Reducir los salarios y aumentar los impuestos no beneficia para nada el progreso de un país, a día de hoy seguimos con el mismo nivel salarial que hace diez años y pagando más impuestos, con lo que ello acarrea. No se pueden exigir más ajustes porque ya no hay de donde rascar, que sean los políticos los que se rasquen ellos los bolsillos quitándose lujos y costes innecesarios porque si actuaran así y se hiciera una distribución correcta del dinero es bastante probable que casi sin darnos cuenta se irían solucionando muchos problemas. España tiene muchísimos valores, tiene un recorrido como país extenso y rico y no podemos estar en primera línea de fuego y ser el centro de atención por la percepción negativa del concepto de país que en Europa tienen de nosotros a través de la gestión política y económica. La marca España es labor de todos hacerla crecer, en todos aspectos, esta marca de la que tanto se alardea no se compone solo de los éxitos deportivos, al igual que a los deportistas se les dan premios por fortalecer -deportivamente hablando claro- esa imagen, no vería de malos ojos que a los políticos también se les diera pero siempre y cuando se vean claramente que se ha trabajado honestamente, se han conseguido resultados positivos -y no maquillados- y que creen en lo que hacen y lo que es más importante aún, en la gente.

Queremos creer. Tener plena confianza en los que nos representan y sentir esa confianza a través de acciones útiles y beneficiosas. En España, a comienzos de 2015, hay alrededor de 900000 personas afectadas por la Hepatitis C, una enfermedad muy grave de la que existe un tratamiento que se llama Sovaldi y el cual no llega a todos los enfermos. Estos piden al gobierno que destinen alrededor de 800 millones de euros para poder tratar esta enfermedad, Sovaldi es un medicamento caro pero es obligación del gobierno anteponer soluciones para que este medicamento sea accesible y económico a todos los ciudadanos si con ello deben de sacar partidas de otros gastos de menos relevancia. En toda empresa hay que establecer siempre un uso racional del dinero y establecer preferencias, y aquí no puede ser menos.

Queremos también respeto y cercanía con la gente que realmente lo está pasando en España y para ello no basta con jurar un cargo, creo que sería de especial relevancia establecer sanciones políticas y en su caso económicas a aquellos "personajes" que no cumplan con lo dicten sus obligaciones como representantes políticos, y es más, que estén además reflejadas por escrito en lo que podríamos llamar un "contrato de compromiso social" el cual establezca que su misión es dirigir el bien general ya no solo del país, sino de los ciudadanos, no solo los que les votan.

Veo de especial importancia que existan medidas de presión sobre los políticos para que cumplan con su labor que además es la que ellos han elegido, nadie un día decide que un político concreto asuma el control del país porque le apetece, aquel que se compromete tiene que cumplir y si no no se comprometas que coja las maletas y se vaya. Tan simple como eso. Un político cercano no debe dirigirse a la calle solo en momentos de pre-campaña electoral, debería con más regularidad asumir el rol de ciudadano y hablar con la gente, escucharla de verdad -no oírla, como hacen muchos-, tomar nota de ello y ponerse a trabajar, porque eso es lo que reclama la gente. La confianza no se mide en votos, se mide en resultados, y si los resultados fallan es que no hemos hecho bien el trabajo ni nosotros, ni ellos.

No queremos que se falta a la verdad, que se traicione al ciudadano, que se pisotee su persona. Aquí es donde creo que la figura del Defensor del Pueblo debería de tener una importancia mayor de la que tiene ahora, tendría que estar en el frente de batalla con los ciudadanos peleando por aquello que nos afecta y no desistir hasta conseguirlo. Entre nosotros y los dirigentes políticos solo hay una única vía de comunicación que es a través del voto, fuera de eso es muy difícil llegar a ellos y exponer nuestros planteamientos, nuestras aspiraciones y nuestro ansiado estado de bienestar, porqué no olvidemos que son ellos los que trabajan para nosotros, son ellos los que deben respeto y reverencia al ciudadano y no sólo a sus militantes, son ellos los que juegan con una doble moral adaptándola a las circunstancias según como les conviene, son ellos los que con los años han maltratado la política a base de engaños. Es por todo ello por lo que tiene que existir un puente que conecte ambos bandos, es necesario que exista ese paralelismo que ayude a unificar ideas e intenciones y del que sólo salga al final una sola voz clara y sin mentiras, pero el problema es que la ambición política es un mal que se ha convertido en una plaga de difícil exterminio, de tal calibre que en algunos casos las herramientas judiciales para erradicarlas se hacen lentas y se encuentran trabas por parte de determinados entes que amenazan o ejercen presión para que no salgan a la luz, cuando por otro lado están diciendo en los medios que hay que dejar trabajar a la justicia. Esto no lo queremos, esta hipocresía de la que parece que beben la mayoría va a acabar con este país, existe una "casta" como dicen algunos, que es el auténtico problema que nos azota, ya no es problema de falta de dinero ni de recursos, es un problema de falta de profesionalidad política, no existen dirigentes que se tomen en serio a la gente, solo piensan en ser ministros, alcaldes, presidentes del gobierno, etc... con el único fin de llegar al poder y ascender puestos de responsabilidad política a costa de la gente, nos utilizan como medios para alcanzar sus objetivos y establecen normas en muchos casos abusivas que nos alejan de un equilibrio económico y social que lo necesitamos de verdad. A día de hoy España no está dentro de los 20 mejores lugares del planeta para vivir, entre ellos nos encontramos Finlandia, Suiza, Suecia y Australia y eso es porqué las políticas que se han aplicado son coherentes y hechas con la expresa intención de tener un más que excelente nivel de vida, cosa que en España brilla por su ausencia.

La escritora estadounidense Charlotte Morrow dijo en una ocasión: "si un partido político se atribuye el mérito de la lluvia, no debe extrañarse que sus adversarios le hagan culpable de la sequía", hay que saber aceptar las críticas. No hay que ponerse ya medallas porque hay a la vista ya unos "brotes verdes", al ciudadano no se le puede vender esto de una manera tan poco precisa, hay que ofrecer datos basados en estudios y en un trabajo a fondo que permitan establecer con margen cero de error que lo que dicen es cierto y si no es así, que se callen y dejen trabajar a otros. Ser político implica un alto de responsabilidad de un enorme calibre, y eso acarrea entre otras cosas que tiene que demostrar que es leal y honesto consigo mismo y con los demás. No todo se basa en dictar leyes, se basa en actuar de acuerdo a los intereses del país que se supone se está defendiendo y no amparándose detrás de unas siglas, detrás de una estúpida ideología de la que lamentablemente no logramos desprendernos y que establece unas diferencias entre lo correcto de derechas y lo que correcto de izquierdas, por lo tanto y en mi caso particular, tampoco quiero establecimientos ideológicos porque lo único que se consigue con ello es dividir el ramal en varias partes para la libre interpretación de los ciudadanos con respecto a determinados asuntos, y ya lo he dicho anteriormente, hay cosas que no se pueden coger con un doble rasero, lo que es correcto es correcto y lo que no lo es no lo es, y aquí la ideología no tiene cabida alguna. Es un mal endémico que tiene contaminado no solo a España sino al mundo entero y al que hay que plantarle cara.

Nuestros hijos no quieren ser políticos. Es un hecho que a estas alturas ya no me extraña. El desprestigio de esta profesión ha obtenido un reflejo de oscurantismo más que patente en nuestra sociedad. En 2013 a través de una encuesta a niños por una multinacional de Recursos Humanos acerca de que querían ser de mayores, solo el 4,4% de ellos se planteaban ser políticos y la mayoría de ellos pensaba que aún seguiremos conviviendo con la crisis durante muchos años. La imagen que la clase política deja impresa en cada una de sus actuaciones está dejando huella en las generaciones que vienen, están recogiendo todas las fechorías que hacen los que presumen de transparencia y dedicación a los ciudadanos y lo que es peor, piensan que ser político te puede dar derecho a eso, a actuar de forma ilícita y perversa contra los intereses generales lo cual etiqueta una labor, la política, que debería ser limpia y honesta, y gracias a los que tenemos ahora se está convirtiendo en un nido de víboras que no buscan más que buscar el poder, corromperlo y enriquecerse a costa de los demás. ¿Este es el legado que les dejamos a nuestros hijos? ¿Este es el concepto de política con el que queremos que vivan en años futuros? Basta ya de dejarnos pisotear, no queremos que nos tomen por el pito del sereno, queremos políticos honestos, personas y no personajes, que luchen por los intereses comunes de la gente y que a la hora de tomar decisiones lo hagan con total honestidad, respeto y transparencia.

Ante todo queremos trabajo bien hecho. Estos tienen que ser el desencadenante de unos resultados óptimos, reales, auténticos y siempre vigilados por el órgano competente para ello para que se cumplan las expectativas previstas. Un político tiene los suficientes recursos como para saber si un modelo de proyecto concreto está dirigido a llegar a buen puerto y si es así entonces proponerlo al ciudadano, pero no imponerlo. Este es un matiz importante a recalcar, porque las medidas que ponen en funcionamiento los políticos en su mayor parte son decisiones que ellos toman en función de lo que creen según su ideología en vez de ver que es lo más importante para la comunidad. Cuando se trata de la defensa de los intereses de un grupo de personas, tiene que existir un consenso generalizado a la hora de determinar que hacer y a través de un portavoz -por ejemplo el Presidente del Gobierno- dictaminar que medidas tomar y como tomarlas pero no de forma anáquica pensando solo que es lo mejor según su propio criterio "ideológico", sino de una manera consensuada con el resto de personas que son a las que se debe, es decir, a la ciudadanía.

Cualquier tipo de ente político e institucional está ahí porque su misión es solo una: servir a la gente. Es el único fin, facilitar las cosas a la gente en el día a día de sus necesidades y hacer una vida mucho más fácil, una vida que devuelva la confianza perdida en las instituciones y con ello iniciemos una senda de crecimiento social muy necesaria y que de un modo global a nivel estatal nos colocaría de nuevo en unas posiciones de privilegio en Europa en muchos aspectos. Es necesario establecer pautas de trabajo veraces y transparentes, que los ciudadanos podamos ver y seguir el día a día como realizan los políticos su trabajo al igual que los padres quieren ver como sus hijos hacen los deberes del colegio, tiene que existir un control que asegure que se está trabajando como se debe y para ello todos los gobiernos e instituciones tendrían que estar sometidos a un seguimiento por parte de estamentos neutros pero integrados dentro de la administración, que se peguen como lapas a ellos y aseguren el cumplimiento de sus funciones que además ellos mismos han definido en sus programas electorales o en sus objetivos anuales. La verdad es que protestamos mucho pero hacemos muy poco y lo poco que hacemos no hace ningún efecto, es la verdad, nos venden la moto de que van a hacer esto o lo otro y cuando ya han obtenido su posición de poder lo utilizan para otros cometidos que no son para los que está ahí.

Desde hace ya unos años la figura del político se está desprestigiando mucho y eso es debido al trabajo mal hecho y a la traición de sus propios valores y a los de toda una sociedad, hace falta trabajo -y no sólo a nivel de desempleo que en eso si que estamos de los primeros en Europa lamentablemente-, un trabajo de equipo, un trabajo en el cual estamos metidos en el mismo saco ciudadanos y políticos y ambos tenemos que perfilar y ejecutar todos los pasos que se definan para conseguir ser un país referente pero insisto, es un trabajo de equipo, habría que instaurar una figura que actuara de juez o notario, que actuara como mediador y que le diga al gobierno -da igual si es local, regional, autonómica o estatal- "esto es lo que tenéis que hacer según el estudio realizado de las necesidades de la gente", y el órgano político recoja el relevo por parte de ese mediador y ponga en marcha esas medidas, porque no olvidemos que el dinero público es dinero de todos manejado por unos pocos y esa responsabilidad tan grande obliga a realizar una gestión muy exhaustiva y difícil, a la vez que honesta y leal. Es por ello por lo que el trabajo que gestión tiene que ser siempre abierto y siempre orientado a la mejora de un país por criterios generales, de todo un pueblo, y no de solo una persona.

Queremos políticas útiles, es fundamental que las normas y leyes se establezcan en función de necesidades ya sean de establecimiento o de corrección, pero en cualquier caso que sean eficaces y que siempre vayan encaminadas a mejorar la situación del país, nunca a empeorarla. *"Los políticos no son necesarios, pero ellos nos convencen de que los necesitamos para resolver los problemas que, sin ellos, no existirían"*, lamentablemente es así, este comentario del escritor español Fernando Sánchez Dragó da en la diana a la hora de evaluar el significado de la figura del político. Yo estoy convencido de que las maniobras políticas son como algunos antivirus, que más allá de eliminar las amenazas y corregir las desviaciones lo que hacen es meter un virus dentro y por otro lado presumen de que son los mejores para eliminarlo. Así es como funcionan las cosas en política, no existe una coherencia ni un orden ético y moral, los políticos no se toman en serio cuales son las necesidades que azotan a la sociedad actual, actúan y piensan de acuerdo a sus propias directrices ideológicas mientras por otro lado presumen de buscar lo mejor para los ciudadanos.

Con este tipo de acciones lo que se intenta es sembrar la discordia y la confusión entre la población por un lado escondiendo problemas y por otro sacando a la luz otros que más allá de intentar solucionar los achacan a gestiones de gobiernos anteriores y en vez de establecer soluciones que erradiquen ese problema lo que hacen es poner parches para que nos olvidemos de ello durante una temporada y dediquemos la atención a otros asuntos de mayor o menor calado cuyo efecto sea desvían la atención de la ciudadanía. Hay determinadas palabras que no deberían existir en el vocabulario político, palabras que debilitan y ponen en duda la facultad para garantizar soluciones. "Creo", es un término que sinceramente a mi me enfurece cada vez que lo oigo, un político no es un vidente, no puede actuar con vaticinios más o menos creíbles, tiene que ser tajante y resolutivo en sus convicciones que para eso tiene un puesto de responsabilidad política y social, hay determinadas cosas que uno no se puede permitir bajo ningún concepto, y el "creo" es uno de esos lujos que debería estar fuera del alcance político. Las hipótesis no sirven en este entorno, aquí hace falta estudios, hechos contrastados y debidamente estudiados, y si no son capaces de expresarlos con total y absoluta seguridad, mejor que se callen y dejen el camino libre a otros que si que puedan garantizarlos. En 2012 el Ministro de Economía aseguró que se estaba empezando a salir de la crisis, en 2013 que se estaba viendo ya la luz al final del túnel, en 2014 que seguíamos en esa senda, y ya entrados en el 2015 ¿Que nos encontramos? Sigue habiendo niveles alto de desempleo, la sanidad tambaleándose, la educación... somos uno de los países con uno de los más altos índices de fracaso escolar... ¿Donde están ahí los brotes verdes? Esa creencia de que se está saliendo no deja de ser una cortina de humo, una maniobra de despiste y por otro lado de relajación para que el ciudadano desvíe su atención como he dicho antes, a otros asuntos. Así se trabaja la política en España, con pillerias y jugando al despiste. Un instrumento útil es un instrumento bien hecho, y la política en España no está bien hecha, está hecha a base de retales formado por planteamientos ideológicos de diversa índole, y mientras no cambie eso y se utilicen herramientas puras y carentes de contaminados planteamientos, no estaremos iniciando esa senda de recuperación.

El director de cine David Lynch también tiene una opinión muy cercana a lo que manifiesto yo en este capítulo: *"no creo en los políticos. Son una broma. Al final, crean más problemas de los que solucionan"*, y eso indica que ya no es algo que afecte solamente a nuestro país, es algo que afecta a todo el conjunto del ornamento político mundial, en el caso de España se ha convertido más que en una broma, en un insulto a la sociedad y a una traición a su confianza y valores. Tarde o temprano se ven los efectos de las medidas políticas porque están hechas para que no sean nunca del beneplácito de los ciudadanos, esto es como los medicamentos, que lo que es bueno para una cosa es malo para otra, y esto si que es un problema, porque en un país como el nuestro tenemos que tener remedios que alimenten la "salud social" y no solo la salud política, y mientras esto no se cambie, mal. La escritora estadounidense Harriet Beecher Stowe afirmaba que *"vosotros los políticos tenéis una forma de darle la vuelta a una cosa sencilla; y no lo creéis ni vosotros mismos a la hora de ponerlo en práctica".* ¿Que voy a decir? Pues que es cierto, es una forma de decir que no saben o no quieren lo que quieren ni como hacerlo y resulta incomprensible que sea así, cuando están rodeados de asesores y consejeros que se supone les dan las indicaciones de como actuar y en que momento hacerlo.

Un político tiene que ser útil y crear mecanismos útiles para el conjunto de la gente pero para hacerlo hay que creer en ella, y si no se cree en ella lo mejor y más honesto es no hacerse político porqué de no ser así no se actuará correctamente y el político estará sometido constantemente a la estela fantasmagórica de la corrupción moral que acabará pasando factura no solo a nivel de su propia persona, sino también a nivel de los intereses del conjunto de españoles que verán con desilusión e impotencia como dejamos el país en manos de inútiles incompetentes.

Queremos seriedad y compromiso. Estos dos valores siempre tienen que ir de la mano porque el uno conlleva el destino del otro, no se concibe que actúen por separado porque ambos forman parte de la responsabilidad política. El compromiso a su vez juega un papel muy importante junto con la confianza que la gente podamos en un momento dado depositar en el político, ese compromiso tiene que venir reflejado de forma clara y accesible a todo aquel que quiera verlo para garantizar y asegurar que lo que se propone se hace. Un compromiso implica una responsabilidad y como tal hay que asumirla y cumplirlo, y para eso hay que tomarse el trabajo de una forma seria y eficaz, honesta y coherente con unos ideales y unos principios ajenos a ideales políticos y siempre dirigidos a un entorno social que es el que está hay esperando ver los resultados de esa confianza.

Queremos muchas más cosas, pero sobre todo auténticos defensores de todo lo que nos define a un país como España, queremos sentirnos que somos algo más que terracitas en verano y que hay una serie de personas y no de personajes, que están día tras día trabajando para que seamos un país próspero y con grandes aspiraciones y en el que en un futuro no muy lejano -porque el presente ya está más que hipotecado- seamos capaces de crear políticas que rompan barreras y abran el camino para que podamos presumir tanto dentro como fuera de nuestras fronteras que se puede confiar en nuestros políticos, que se aplican políticas que permiten la total convivencia, que están ahí siempre vigilantes ante cualquier adversidad y que además cuidan nuestros valores, nuestras insignias, nuestra marca España, que no dejan escapar a nuestros científicos porque hay suficientes puestos de trabajo en España para ellos, que se apuesta por I+D+I, que crean en nosotros y eso lo hagan suyo. Si es así, ganaremos todos.

¿Como vamos a hacer que todo esto se haga realidad? Este segundo punto es ya tarea totalmente dependiente de los políticos. Nosotros nos encargamos de ponerles en bandeja los requisitos y necesidades que reclamamos, ahora que ya saben que queremos y a lo que aspiramos, el como lo hagan ya depende de ellos que para eso han estudiado una carrera -se supone- y tienen unos estudios, es su misión poner en marcha el engranaje político pero independientemente de los medios que utilicen, el ciudadano tiene que conocer siempre esos métodos que para eso es el "jefe", y vigilar que todo aquello que se implante de forma positiva para un colectivo no lo haga de forma negativa para otro. Este país se merece presumir de auténticos gobernantes, de políticos preocupados por la sanidad, la educación, la cultura, y que luchen con males como el desempleo, la corrupción... que tomen medidas audaces y valientes de prevención, que intercedan con Europa para favorecer otro tipo de medidas que hagan estabilizar el maltrecho ya estado de bienestar.

Me voy a permitir aportar unas manifestaciones personales con objeto de intentar esclarecer un poco más el camino a definir. Este "como" es realmente la clave de todo el éxito, porque es muy fácil decir lo que se quiere hacer y con ello alimentar la ilusión de la gente, pero si no ponemos a disposición del ciudadano los mecanismos y damos explicaciones veraces y creíbles entonces es hablar por hablar.

El desde 2015, Secretario General de Podemos, Pablo Iglesias, en 2014 mucho antes de que se confirmará el arranque y puesta en escena del partido, ya hizo saber a los ciudadanos a través de los medios de comunicación que tenían un plan muy ambicioso para devolver el bienestar y la devolución de cierto derechos y libertades al conjunto de los españoles. Este plan propone una serie de puntos entre los que destacan: reducción de la jornada laboral a 35 horas semanales y de la edad de jubilación a 60 años, devolución al sector público de todos los centros y hospitales privatizados, reducción del IVA cultural del 21 al 4%, prohibición de los despidos en empresas con beneficios, límite de sueldo más alto / sueldo más bajo dentro de una misma empresa, derecho a educación infantil desde los 0 años... Todo está muy bien y lo apoyo pero esto hace que me plantee la siguiente cuestión: ¿De donde se va a sacar el dinero para hacer todo esto? A mi personalmente me parece fantástico que haya un partido o partidos que quieran romper con ese bipartidismo que nos conduce cada cuatro años por los senderos de la incertidumbre, veo de especial relevancia y aplaudo que salgan nuevas apuestas políticas y más si se muestran a la gente de una manera cercana y poniendo de manifiesto cada uno de los problemas sociales planteando soluciones a los mismos pero todo lo propuesto se queda en nada sin una explicación detallada de como conseguir los recursos económicos para llevarlo a cabo. Este plan de Podemos causa un golpe de efecto de tal magnitud que ya ha conseguido obtener cerca de un 30% de intención de voto según el barómetro de Diciembre 2014, siendo este y Ciudadanos, el partido liderado por Albert Rivera, los que más conexión con la gente han causado -sobre todo en la población jovenel cual tiene un discurso más moderado quizás que Podemos pero que también consigue ganar adeptos y con ello renovar el panorama político-social con planteamientos nuevos, cercanos y con los que realmente se identifica la gente. Lo que hay que hacer, o mejor dicho, lo que tienen que hacer los políticos y aspirantes a los mismos, es hacer propuestas de cambio creíbles, contrastadas y que no rayen la utopía, porque no somos niños, ya no estamos para juegos y mucho menos cuando lo que hay en juego es algo tan importante como la estabilidad y el progreso nacional.

A veces tengo la sensación de que los políticos se piensan que somos todos idiotas, a través de sus lenguas envenenadas nos cuentan lo que queremos oír pero en el fondo de su pensamiento se esconde todo lo contrario, se hace lo que sea necesario para conseguir estar ahí arriba y si con ello hay que jugar con los votantes y no votantes pues se hace. El político ruso Nikita Jrushchov, en una ocasión dejó caer la siguiente perla: *"los políticos son siempre lo mismo. Prometen construir un puente aunque no haya río"*, creo que es muy importante tener claro este planteamiento porque en el fondo son todos iguales, estoy convencido de que se pueden contar con los dedos de una mano el número de políticos que verdaderamente, al 100%, luchan por creen en la gente a la que representan y luchan por ellos dejando en un segundo plano sus intenciones o mejor dicho, sus ambiciones políticas. Es muy importante que creamos en una forma de hacer las cosas, pero no porque nos lo digan, sino porque lo veamos con nuestros ojos y para ello no queremos oír como nos prometen el oro y el moro ni la construcción de ese puente que comenta Jrushchov, queremos que se actúe con corrección y con un uso adecuado de los recursos económicos, ya está bien de malgastar el dinero destinándolo a partidas como el ruinoso aeropuerto de Castellón, o el de Lérida y Ciudad Real, que han costado cientos de millones de euros y se han convertido automáticamente en aeropuertos fantasma, o el exceso de coches oficiales que hay en el parking automovilístico español. En

2010 llegamos a ser el país que más coches oficiales tenia. La Expo del Agua en Zaragoza, Telemadrid, los Estudios Cinematográficos Ciudad de la Luz en Alicante, el Palacio de Congresos de León, la Ciudad de la Cultura de Santiago de Compostela... son algunos de los recientes casos en los que se ha despilfarrado el dinero, dinero que luego no ha compensado ni de cerca todo lo invertido porque escasamente se le da el uso para el que fueron destinado. Y como esto mucho más, pero no voy a profundizar ´-de momento- en estas cuestiones ya que son parte de otro capítulo, pero si quiero dejar clara una conclusión: hagámonos oír.

De todos modos seamos sensatos, con cambiar de opción política no solucionamos nada, un político siempre va a ser un político independientemente de como piense, lo que hay que hacer es cambiar "el sentido político" o lo que es lo mismo, ver las cosas de la misma manera que las ve el ciudadano y aplicar los medios óptimos llevarlas a cabo. Para ello hay que preguntar a la gente, entender sus necesidades y con todo ello elaborar un borrador en el cual se detallen las prioridades, pero eso no quiere decir que lo demás se descarte, no olvidemos que con el dinero público se definen las diferentes partidas y la misión del político es distribuirlas correctamente, pero eso no quiere decir que otras decisiones se dejen de lado.

Es necesario un cambio de chip en la mentalidad de la ciudadanía en general pero sobre todo en el aspecto político, que es el que rige y condiciona el funcionamiento de todo este conglomerado de asuntos que dirigen la marcha de España. Nosotros tampoco tenemos que relajarnos porque aunque son ellos los que tienen la obligación de trabajar para nosotros, es nuestra misión facilitarles las cosas de tal modo que a la hora de definir estrategias de actuación sepan por donde cogerlas, somos parte fundamental del desarrollo de esta rica nación llena de valores que no podemos dejar que los pisoteen por la mala gestión de unos personajes que no ven las cosas de la misma manera que nosotros. Tenemos que ser el espejo donde se miren nuestros políticos y en el que puedan verse reflejados como personas, sentir un proceso de transformación en la que puedan verse dentro de nosotros, sentir lo que sentimos y actuar en consecuencia. En una ocasión leí un comentario que me hizo reflexionar, decía: *"cuando haya un político con buenas intenciones, desaparecerá la política"*, ¿Que quiere decir esto? El concepto de político ha tomado un cauce de definición que cuanto menos sorprende, porque ambos conceptos forman parte siempre de un mismo ente, y si llegamos a diferenciar esto significa que a la política se le está dando un uso indebido e incoherente, y que el término "político" ya no se corresponde con el padre del que depende, y si es así y ambos conceptos se separan, ¿Que nos queda? ¿En que creemos? Lo que hay que hacer es que ya que tenemos que convivir con la política y todo lo que ello engloba, que al menos esos que presumen de buscar lo mejor para el desarrollo del país, lo hagan de una forma transparente y honesta.

A día de hoy cada uno ve la política de la forma que más le conviene, pero el problema ya no es la percepción que tengamos como ciudadanos, es la percepción que el político tiene de ella, que la ve como una maquinaria con la que poner en práctica sus ideales, sin un criterio común que sirva de base y sobre el que poder reflexionar y tomar decisiones, se ha convertido en un arma de doble filo totalmente independiente con el que por un lado se presenta a la sociedad como un mecanismo de defensa y por otro lado ataca a la integridad de la gente y la hace vulnerable. Es un nicho en el cual se siembra la esperanza y a su vez se juega con ella, no proporciona a día de hoy un ápice de seguridad porque está más que visto que cualquiera que tenga un poco de mano puede alterar el orden de las cosas y buscar más allá para escalar puestos o alcanzar su propio bienestar, siempre por supuesto a base de faltar a la verdad y jugar con la esperanza de los demás.

En definitiva, si queremos ser un país "vivo" tenemos que estar seguros que se nos oye y se nos escucha, que defendemos nuestros intereses y nuestros ideales, y que estamos seguros que hemos dejado esa misión en manos de unas personas -y no de unos personajes-, que luchan de verdad y recogerán los frutos maduros de la cosecha que nos hemos encargado de sembrar los españoles mediante la declaración de nuestras necesidades. Cuando se trata de conseguir objetivos para todos y no para uno solo, ser persona es un título que va más allá de ser político, nos define como seres humanos, y es una invitación a sentir y comportarse como los demás, a poner de manifiesto un rechazo a unos criterios que puedan ser contaminados con unas acciones que más tarde o más temprano acabaran por destruir la estabilidad social. Si nuestros políticos aprenden a comportarse como personas y no como personajes entonces podremos empezar a pensar que las cosas están empezando a cambiar para bien, que todos vamos en la misma dirección.

Otro testimonio que considero que añade fundamento a lo comentado hasta ahora es: *"la política es la herramienta para transformar lo imposible en realidad, pero es sólo una herramienta, no lo puede hacer ella por si solo, necesita de brazos que la ayuden a lograr el objetivo"*, Y yo me pregunto: ¿Que hay que transformar? ¿Cual es la realidad? ¿La que nos pintan los políticos o la que queremos nosotros? La respuesta a estas preguntas lleva implícita una toma de decisiones, las cuales para llevarlas a cabo se exige de una toma de medidas que amparadas en el ámbito político tomen como referencia y como base de actuación al entorno social al que se debe. El objetivo tiene que ser siempre único para todos, aquí nadie puede ir por su lado, todos debemos ir juntos intentando caminar con seguridad por esa senda de crecimiento y que garantice el regreso a unos valores y a una unión consensuada de todos los que convivimos en el mismo entorno. Los políticos se deben a los ciudadanos, así ha sido siempre y así tiene que seguir siendo, algo que ahora mismo no es así ya que somos nosotros los que parece que vivimos al amparo de ellos, y eso es lo que hay que cambiar, mientras no sea así, ni evolucionaremos nosotros ni lo hará España.

¿En que momento lo hacemos? Ya teníamos que haberlo hecho. En el momento que definimos las pautas, si tenemos claro lo que queremos y el modo en como lo queremos, tenemos que tener ya establecido cuando ponerlo en marcha, tener claro el lugar en el tiempo en el que terminar la base de este triángulo con el que encontrar el equilibrio social y político. La clave para conseguir el asentimiento de esta etapa radica en el compromiso político. Establecer acciones implica también tomar medidas y actuar conforme a unas etapas las cuales han tenido que estar previamente planificadas y estructuradas marcando a lo largo de ella los diferentes objetivos y formulando mecanismos de control para detectar y corregir en su caso las desviaciones que pudieran originarse.

Estos tres picos -que hacemos, como lo hacemos, cuando lo hacemos- tienen que estar bien conjuntados y solidificados para evitar que salgan grietas y la inestabilidad de uno provoque una debilidad en los demás, y con ello se produzca la infección de dichos estándares de actuación provocando con ella una contaminación en cadena, que afectará con posterioridad a todo el sistema político y social mediante unas normas también infectadas. Si conseguimos que esto no pase y que este bloque permanezca robusto e infranqueable, entonces será el momento de actuar.

Por eso es tan importante desde mi punto de vista que a la hora de tomar decisiones políticas lo hagamos uniendo cada uno de estos extremos asegurando su unión y con ello se forme un puente inquebrantable de comunicación entre todas las partes para definir todas y cada una de las decisiones que se tomen. El político estadounidense Edward Moore Kennedy afirmó en una ocasión: *"en política sucede como en las matemáticas: todo lo que no es totalmente correcto, está mal"*. En política no deberían existir los márgenes de error, las personas que forman parte de ese campo se supone que tienen los conocimientos y la preparación suficiente -además del apoyo de sus asesores en la mayoría de los casos- para trabajar con las máximas garantías de efectividad en cada uno de sus planteamientos, los cuales a su vez han tenido que pasar por una fase de estudio, de evaluación y adoptado finalmente una decisión sobre la que finalmente trabajar y llevar a cabo. Ya lo he dicho unas cuantas líneas más arriba, cuando se tienen que tomar decisiones de forma inminente los políticos tienen que, a través de conclusiones reales y razonables, tener la certeza de que los frutos que vamos a recoger al final todos los españoles y que hemos sembrado todos a través de un compromiso social, se convierta en ese compromiso político y no se hayan obtenido por la avaricia y la ambición de unos pocos, sino por la preocupación, el trabajo y la unión de todos.

Todo se basa en el trabajo, en la dedicación y en el respeto a unos ideales morales y éticos -que no ideológicos- que los políticos tienen que seguir a rajatabla anteponiendo siempre el interés de los ciudadanos a su propia ambición política y, jugando con los elementos que la sociedad pone a disposición de los diferentes entes políticos y estos tocar las teclas con las que establecer un programa de objetivos y de prioridades sobre los que ponerse a trabajar en serio. Todo ello hay que hacerlo con la convicción de que si seguimos un orden, usamos la sensatez y actuamos con honestidad entonces y solo entonces seremos capaces de llevar este país adelante, podremos presumir de ser un país a la altura de otros como Australia o Finlandia que se toman muy en serio la estructura política con la única finalidad de proporcionar las mejores condiciones de vida y convivencia creando con ello un nuevo estilo de gobierno moderno, unido y en marchando en una única dirección.

En base a todo lo comentado aquí podemos concluir aportando unas reflexiones más. A los políticos tenemos que conocerlos, es necesario saber porqué están ahí, con que fin se han metido en esto y valorar si realmente son útiles. Votar a un político es dejar en sus manos el futuro de toda una representación de ciudadanos sin importar sin es un ámbito local, regional o estatal. Es apostar por nuevos objetivos, nuevas oportunidades, y algo de tal trascendencia como eso no puede dejarse manos del primero que se nos presenta, tenemos que estudiarlos, saber como piensan y de que pie cojean y hacerles pasar por un "casting" de confianza -el cual también había que identificar muy bien-, nos den muestras de que están preparados para ello y que esos tres picos que forman parte de este apartado lo son también de una forma de entender el orden político, estructural y social -diferenciados pero siempre unidos- de aquellos que aspiran a gobernarnos con el afán de devolver la estabilidad a este país. Un político tiene que tener madera de dirigente y de empatizar con las personas, ser comercial de oportunidades, y si no es así entonces quizás debamos plantearnos el apunte que hace el escritor Antonio Gala: *"¿A la política se dedican quienes no sirven para otra cosa?"*.

CAPITULO 4
Los cuatro pilares básicos para conseguir la estabilidad social

El concepto de estabilidad social es claro a la vez que complejo, pero podría decirse que constituye *"la permanencia de una serie de características constituyentes de un elemento a través del tiempo, así como el nivel de otros factores como la seguridad, economía, política, etc. en los que se encuentra la población dentro de un entorno territorial"*. Dichas características no se definen solas, es labor de todos constituirlas y labor de los políticos ejecutarlas, pero no se puede hacer al azar ni de cualquier manera, hay que hacerlo siguiendo unos criterios que actúen como sólidos cimientos y que aseguren su permanencia. Se pueden adoptar múltiples combinaciones a la hora de perfilar ese terreno y colocar los pilares. Una casa se puede construir de madera, de piedra, de hierro... todo va en función del uso que se le quiere dar, la ubicación, los recursos, etc. y por lo tanto primeramente hay que dar respuesta a estas cuestiones, las cuales nos habremos preocupado de responder por medio de esos tres picos definidos en el capítulo anterior y que ya asentados, pasamos a los políticos para que proceda a la ejecución de los mismos. Si hemos seguidos este orden -sin perder en ningún momento el control sobre las diferentes etapas del mismo- entonces podremos tener muy claro que materiales utilizar para fijar en el suelo todo lo que posteriormente construiremos encima, que no es otra cosa que la estructura política y social del país.

Embarcarnos en una empresa de este nivel es algo que sólo está en manos de aquellos que tienen muy claro lo que hacer y como hacerlo, y a la vez son capaces de mantener todo lo ya existente sin peligro de caer o desaparecer. Esto es muy difícil, porque tenemos que conocer muy bien a los personajes que salen a escena a actuar y nos los tenemos que creer, tenemos que tener la firme convicción de que el diseño de las potentes estructuras que van a conformar los cimientos del país está en manos de competentes políticos, y no en manos de soplagaitas que vienen vendiendo la moto alardeando de que tienen la solución a todos los males, sin para ello hacer un profundo y elaborado estudio pormenorizado de la situación, estudiar las debilidades y amenazas y una vez encontradas convertirlas en fortalezas, unas fortalezas parte integra de unos cimientos pensados y hechos para crear una sociedad política y social única. El establecimiento de estos cimientos implica el diseño de cuatro puntos, que bajo mi modesta opinión pienso que son los pilares fundamentales, y que son los que ponen la puntilla al enunciado de este capítulo: gestión estructural, gestión económica, gestión social y la gestión emocional. Vamos sin más preámbulos a profundizar en estos aspectos.

Para la puesta en marcha de estos valores no hay que hacerlo de cualquier manera, estos puntos tienen que estar coordinados por cuatro puestos con la suficiente preparación como para llevar un perfecto control de la misma y como exigencia adicional tenemos que ser los ciudadanos partícipes de ese conocimiento a través de la historia personal y profesional de los aspirantes. Ya lo he dicho en varias ocasiones anteriormente, no podemos fiarnos del primer mindundi que se ofrece como representación de un partido para dirigir nuestro futuro. Hay que conocerlo, y para ello sería básico e imprescindible que podamos conocer de una manera cercana a dichos aspirantes. Una vez presentados, aprobados por el partido político y por última instancia por los ciudadanos, entonces podemos ya ponernos en marcha abarcando los cuatro puntos.

La gestión estructural fundamentalmente se basa en principios, en la suma de unos valores que combinados todos ellos formen bloques de hormigón que asentar en el terreno. Ya hemos hablado en el capítulo dos acerca de la moralidad y los diferentes conceptos de ella, pero eso no se queda solo ahí, todos esos valores forman parte de un proceso, de una cadena de producción en la que se hace una selección y se juega con las diferentes combinaciones para dar con la conjugación perfecta que luego formarán parte del resto de etapas. Lo que estamos haciendo aquí es crear los cimientos de un edificio sobre el cual se va a sostener todo lo demás, por lo que tenemos que tener la seguridad de que todos sus componentes son robustos y firmes, ¿Cuales son? Pues eso dependerá de cada país por las diferentes políticas que rijan, pero en el caso de España sus componentes podrían clasificarse en: creencia, trabajo, ilusión, motivación, honestidad, confianza, convicción, cercanía, solidaridad, tolerancia, igualdad, transparencia, pluralidad, cambio y por supuesto democracia. A esta lista se podrían añadir más pero creo que ahora mismo estos son los que están en el top de los más requeridos y creo que es importante hablar de ellos en las siguientes lineas para abrir bien el camino que nos lleve a esa estabilidad social.

Creer es necesario, es algo innato en las personas, es uno de los mayores indicadores a la hora de la toma de decisiones, ya sea en el ámbito personal o en el profesional, implica además ilusión y motivación para afrontar nuestros retos sin los cuales creer no tendría sentido, pero la verdad es que los políticos a ese término no le han dado el enfoque apropiado. Lo primero que tienen que hacer es creer en la gente, es un acto de responsabilidad ineludible, y nosotros tenemos que tener la satisfacción de poder creer en ellos de verdad, de saber que creen por lo tanto en unas necesidades y en una forma más cercana de ver la realidad. Por lo tanto si se reafirma esa creencia en la gente se puede generar unas ganas de empezar a trabajar aplicando a continuación el resto de características al principio del capítulo mencionadas. No sería lógico ni ético que un político pretenda llevar el control de una administración ya sea autonómica o estatal, sin tener en cuenta todos estos ramales. No basta con ser el primero en tu promoción, tener una licenciatura o ser doctor en lo que sea, de nada sirve todo eso si no se es capaz de ver los problemas y necesidades de la gente, creer en ellos, hacerlos suyos y como he dicho unas pocas líneas más arriba, trabajar, entonces vamos en la dirección equivocada. Cada uno de estos puntos tiene que ser correctamente llevado y tiene que seguir un proceso de seguimiento que evite que pueda existir una posible desviación o malformación de los mismos. Son todo actitudes y sensaciones positivas que no tienen otro objeto que el de añadir un punto más de espiritualidad política las cuales fortalecen esa estructura que se gesta y que es nuestra seña de identidad. Todas las personas tenemos formas de pensar y de actuar diferentes en nuestra vida cotidiana, algunos somos tímidos, otros más lanzados, los hay más abiertos, los hay más cerrados, más simpáticos, más amables, más trabajadores... todo un cúmulo de características que como digo, forman parte de cada uno. Pero cuando se trata de "un solo ente" los políticos no pueden permitirse el lujo de ser diferentes a los demás, existe un interés por su parte de representar de algún modo por medio de instrumentos políticos a la gente, y por lo tanto tienen que sentirse capaces de sentir y de asumir unos valores que son parte indisoluble del cometido político. No debe existir ninguna grieta que permita que se produzca un distanciamiento porque ello acarrearía que pudieran añadirse contravalores que acabaran por contaminar al resto. Para evitar lo que el escritor suizo Louis Dumur dicta: *"la política es el arte de servirse de los hombres haciéndoles creer que se les sirve a ellos"*, es por lo que es tan importante que los ciudadanos conozcamos los valores de aquellos aspiran a gobernarnos y a su vez que estos hagan un estudio pormenorizado de todos ellos y los traten como si de un manual de instrucciones se tratara, de ese modo tendremos la seguridad de que se están mezclando los ingredientes auténticos y veraces que van a constituir los cimientos de nuestra sociedad política y social.

Hay algunos políticos que actúan en base a una forma de entender la política muy diferente a la del resto de los humanos. El político alemán Otto Von Bismarck dijo: *"la política no es ninguna ciencia, sino un arte"*, pero esto llevado a falsas interpretaciones puede ocasionar cierta controversia. En los tiempos actuales se ha convertido en un arte si, pero en uno de corrupción, engaño, malversación, abuso... Si realmente queremos ver y valorar la política como arte debemos ser capaces de ver como nos representan con fidelidad nuestras "apuestas" políticas, controlarlas, hacer auditorias ciudadanas y vigilar que en ningún momento se produzcan grietas estructurales. Los que están ahí arriba no lo están tanto, es un problema de percepción, no se debería permitir ejercer la política sin la clara declaración de fidelidad a unos principios ya no tanto personales -que si, que son fundamentales- sino de nivel general, de cercanía, de lealtad, de transparencia, de trabajo... en definitiva, de todo aquello que con el tiempo constituye el pilar fundamental de la estabilidad social y porque no, también política.

Un político tiene que saber en todo momento cuales son sus límites a la hora de actuar, no tiene que intentar nunca romper la línea divisoria entre los fácil e incorrecto y lo difícil y correcto, porque gobernar es algo más que una responsabilidad, es un acto de fe y máxime cuando son ellos los que quieren llegar a ese estatus, pero para ello hay que ser honestos, definir muy bien que, donde y como plantar esos cimientos, y si las cosas se empiezan a hacer mal y no se encuentran soluciones, -o en algunos casos no se quieren encontrar porque hay en juego intereses partidistas- como dijo Antonio Gala: *"los políticos honrados se quitan de en medio cuando cae sobre ellos la sospecha"*. Ante momentos de impotencia política hay que saber tirar la toalla y pasar el relevo a nuevas apuestas políticas que cojan el mando de la responsabilidad, y que sepan batallar muy bien con las herramientas y objetivos previstos. Pero la gestión estructural no es solamente juntar elementos como si de un cóctel se tratara, previamente está lo que representa el 80% o 90% del trabajo, que es definir en unos planos el diseño de esa estructura con todos sus puntos de anclaje, medir las distancias entre unos y otros para evitar un sobrepeso o mal ajuste de los cimientos, establecer unas normas sobre como aplicar los elementos que vendrán encima, tomar medidas de control con el objetivo de vigilar las diferentes desviaciones... todo esto tiene que estar plenamente detallado en la fase anterior a la puesta en marcha de las actuaciones establecidas. La gestión estructural es necesaria no solo para marcar las pautas de trabajo futuras sino también para saber corregir las presentes y adaptarlas a nuevos ajustes o reglamentaciones que vayan surgiendo. Debe presumir de tener una notable estabilidad no carente de elementos que son el cauce real y fluido de todo lo que arrastramos hasta el siguiente punto de recogida -recordemos valores como ilusión, trabajo, honestidad...- donde continua la gestión delegando atributos al resto de materias como es lo referente a la emotividad, los intereses sociales y el punto que vamos a abordar a continuación, lo económico.

Sin pasta no hay soluciones, así de sencillo. La gestión económica podríamos definirla brevemente como *"la suma de procedimientos para la ejecución de los presupuestos establecidos"*, es la encargada de darle forma y sentido económico a los pasos que llevan, o deben llevar, a la estabilidad social, y para eso hay que estudiar, planificar y controlar de una forma coherente y racional el resto de variables que conforman el objetivo final de este capítulo. Es por ello por lo que para elaborar una correcta gestión económica dicha responsabilidad tiene que caer en manos de un gestor que sepa sin ningún tipo de duda, como manejar las diferentes partidas presupuestarias. No voy a ahondar en un terreno complicado y pantanoso como el económico a nivel político porque ni estoy preparado ni soy la persona adecuada para hacerlo, eso queda en manos de los economistas, pero lo que si pretendo hacer es de una manera más o menos gráfica dejar patente como aplicar esta gestión económica de una manera eficaz consiguiendo una total coordinación con el resto de sus variables hermanas.

Planteémonos esta pregunta, ¿Como actuamos cuando queremos comprar algo que nos gusta o contratar unos servicios que necesitamos? Algunos lo harán por impulso y otros por un estudio previo de la oferta y sus diferentes alternativas, pero en cualquier caso el objetivo final es el mismo, conseguir algo que nos estimule y nos provoque un estado de felicidad por haber conseguido aquello que deseamos. No voy a profundizar más de lo necesario en esto porque sería meternos ya en terrenos de marketing que no son el objetivo principal -aunque si tiene mucho que ver-, el caso actual en el que nos encontramos es el de una necesidad mucho más que básica, diría elemental, de tal índole que tiene que mirarse con lupa cada uso de la partida presupuestaria concebida para ello. El primer pilar ya lo tenemos en marcha, esa estructura firme y robusta, y eso lo hemos conseguido no solamente mezclando los ingredientes necesarios para solidificar la mezcla, sino destinando previamente un dinero a la "compra" y su posterior uso de esos elementos. Cuando se trata de algo de tanto calibre no podemos conformarnos con cualquier cosa. Un país que se supone próspero como el nuestro -o así intentan venderlo nuestros queridos políticos- tiene que apostar siempre por la calidad de los materiales que lo define y para ello tiene que haber una justa distribución de los recursos económicos, esos recursos que pagamos con nuestros impuestos y que ahora mismo van a cualquier sitio menos a donde deberían ir -al menos la mayoría de los mismos-. Tiene que existir una correcta planificación económica que tiene que basarse en tres puntos principales: financiación, necesidades y costes. No puede elaborarse ningún proyecto económico sin el estudio de estas tres patas.

La financiación es el punto de arranque, si no sabemos de donde sacar el dinero y sanear las arcas del estado difícilmente podremos pasar al siguiente paso. España debe mucho dinero, eso no es ningún secreto, pero la cifra que declaró en 2014 es más que preocupante ya que supone un 386% del PIB, o lo que es lo mismo, casi 4 billones de euros y alrededor de 85.000 euros por cada persona, cifra muy similar a la que se maneja en Francia o Italia. La conclusión a la que llegamos con esto es que destripando los datos, las familias españolas tienen más índice de endeudamiento que otros países como Alemania, Francia o Italia, pero por otro lado el Estado y la banca con menos niveles que en Francia. Con estos datos podemos deducir que en

España -al igual que pasa con Irlanda y Grecia- la posición financiera sigue siendo de baja estabilidad. Esto tiene que empezar a cambiar desde ya, si queremos presumir de ser un país que hace bien las cosas lo primero que hay que hacer es establecer una asignación de recursos económicos adecuados y evitar el uso indiscriminado del dinero para otros frentes que no sean los que estén establecidos como parte del fortalecimiento que queremos conseguir. La casa se tiene que empezar siempre desde abajo y nunca desde el tejado, aunque en el caso de España se hace de forma indiscriminada y descontrolada, unos ponen una pared, otros una venta, el otro la chimenea... y lo que es peor es que no hay un capataz competente que sepa mantener el orden.

Así estamos ahora mismo, nos fiamos de que los políticos nos dicen que van a destinar una partida a sanear la banca mientras por otro lado te quitan las ayudas a la dependencia o te dan una limosna de poco más de 400 euros para los parados de larga duración durante 6 meses. Las cosas no se solucionan quitando de aquí y poniendo de allí, en momentos de gran gravedad y dificultad si que puede plantearse pero siempre dentro de un orden moral y ético, pero lo que no se puede es utilizar el dinero como jugar al tetris probando a ver donde encajaría mejor la asignación del dinero. Desde un principio tiene que haber siempre un correcto estudio de que es lo que hay que hacer -siempre en función de lo que necesita la gente, insisto en ello- y sobre eso entonces jugar con las variables presupuestarias, a partir de ese momento es cuando entra en escena la definición de las partidas pero tienen que hacerse siempre intentando crear un excedente en caso de conseguir llegar a un objetivo para que de ese modo si se pueda redistribuir el dinero sobrante a otras misiones que requieran una asignación económica.

El ciudadano a pie no somos el único recurso económico que explotar para conseguir financiación, hay muchas otras vías legales que están ahí para ser utilizadas pero en vez de recurrir a ellas se tira siempre por lo más fácil y lo que más a mano está, que es abusar de nuestra economía engordando los impuestos, subiendo las tasas, eliminando ayudas... entre otras cosas y usos que deberían ser controlados por la ley y desgraciadamente no lo son. Si se hiciera una correcta distribución y gestión de toda la recaudación que obtiene el estado a través de la hacienda pública, multas, sanciones, deudas... seguramente habría mucho capital con el que contar y en buenas manos se haría de muy mejor manera. Dinero y buen uso, dos términos que hoy en día coronan el funcionamiento de toda la maquinaria estatal. En el momento que una de estas cosas falla ya nos podemos dar por jodidos, y es por ello por lo que la forma de financiarnos y con ello poder definir los cauces de actuación para crear unas bases firmes de estabilidad donde poder convivir todos juntos sin peligro a que el edificio se derrumbe, me parece de una importancia sin igual. Por todo ello hago un apunte final, la tarea de gestionar la economía de un país tiene que recaer en las personas que se tomen en serio su responsabilidad como políticos y la trasladen a las necesidades ciudadanos. El dinero está para administrarlo y distribuirlo, no para gastarlo tontamente ni para abusar de él maliciosamente.

Las necesidades son el motivo principal por el que poner en marcha partidas presupuestarias, el dinero está para eso, para cubrir esas necesidades que solicita la gente. Habrá de todo, necesidades de mayor o menos índole pero en todo caso no dejan de ser planteamientos de los ciudadanos y por ello hay obligación de por parte de los políticos de tenerlas en cuenta. No hay que olvidar que si un político consigue un puesto de determinada importancia es porque ha sido la gente la que de una u otra manera ha apostado por él, y su obligación es devolver esa confianza trabajando por bien común de todos sus votantes y por todos los que no son sus votantes. ¿De que sirve el dinero si no hay necesidades? ¿Para que se recaudan impuestos? Esta pregunta nos la podemos plantear todos y darle solución fácilmente pero hay algunos dirigentes políticos que la respuesta se la pasan por el arco del triunfo, les da igual lo que pida la gente ya que ellos son los que van a decidir lo que se hace y lo que no y en que momento se hace, y eso no puede ser así, no se nos puede tomar por el pito del sereno. Por ello es importante que a la hora de depositar la confianza en un político, que lo hagamos con la total y permanente seguridad de que esa persona está preparada para plantear soluciones y llevarlas a cabo con un grado de eficacia completo, de construir esa idea de país en base a criterios -no precisamente ideológicos- sociales y éticos, y siempre que se haga desde el raciocinio y la lealtad a unos principios y a unos valores fundamentales.

Cuando hablamos de necesidades no debemos de olvidar tampoco dos ramas: la política y la social. Hemos empezado hablando de la social porque es la que más directamente nos afecta, es la que vivimos en primer plano, pero las necesidades políticas son un arma de doble filo que tenemos que saber a quien y en que momento darlo porque si no sabemos seleccionar bien en manos de quien la dejamos puede ir en nuestra contra. Todo aquello que está relacionado con la política más temprano que tarde está destinado a ser infectado por el virus de la inmundicia y la maldad -para ello no hay más que darse una vuelta por todo lo que nos ha traído el pasado 2014-. Las necesidades políticas nunca van a ser las mismas que las sociales, nunca jamas, son dos formas completamente distintas de ver las cosas y por lo tanto conlleva a dos metas diferentes, una al enriquecimiento personal -que es la que se ha puesto de moda entre maleantes políticos- y otra al enriquecimiento social, siendo este último por el que se ha de trabajar a través de actuaciones honorables y realmente cercanas con todos los ciudadanos. Utilizar la esperanza de la gente para fines lucrativos personales de personajes escondidos detrás de un traje es un acto indecente y en algunos casos hasta criminal, y por ello sería de gran relevancia que todos los ciudadanos tuviéramos la oportunidad de examinar detalladamente a nuestros políticos a través de acciones accesibles a los ciudadanos y pasarlos por una máquina de Rayos X con la intención de ver más allá de lo que nos cuentan en sus discursos. Ellos tienen una doble misión en este terreno: comprender y creer, y nosotros controlar esa misión.

Pero todo esto no sale gratis, conlleva un coste económico y como no, político. El coste de sacar una política económica adelante implica prever gastos, estudiar a fondo cuanto va a llevar corregir desajustes y establecer nuevos métodos para una correcta asignación del dinero, pero nunca pueden suponer un sacrificio de valores ya que estos al final degradarán el país, haremos que España se convierta en un terreno pantanoso del cual será difícil salir y lo que es peor, será tal la situación que nadie querrá acercarse a ayudarnos.

Para evitar ese quebrantamiento de la sociedad hay que construir unos puentes rígidos -formados igualmente a través de una también exacta gestión estructural- construidos a base de valores y creencias fundamentales. Es muy difícil estimar cuanto puede costar llevar a cabo un proyecto pero no lo es tanto si hemos elaborado un correcto estudio de dicho coste y hemos establecido unas tablas en la que agrupar las distintas necesidades. Por supuesto tiene que existir un control muy riguroso de a que se destina el dinero y para ello todo el peso de esta gestión debería de recaer en la figura de un "gestor" que realmente administre y asigne de forma veraz y autónoma los recursos para poder llevar a cabo todos los proyectos previstos. Por lo tanto, la gestión económica y todo lo que forma tiene que estar perfectamente regulada y dirigida a dar unión con la gestión estructural para que esta pueda alimentarse de los recursos económicos que nuestros queridos amigos políticos se han tenido que encargar de regular en base a todo lo que se está empezando a diseñar, a dar forma, a definir lo que es la estabilidad social. Si se cumple fielmente las directrices para una correcta gestión estructural y económica actuando con lealtad y con buenas praxis, siempre tomando como punto de referencia al ciudadano y poniendo en su conocimiento todos y cada uno de los pasos que se están haciendo, mientras haya esa conexión permanente habremos recorrido un gran camino y entonces podremos decir que estamos haciendo las cosas bien.

La gestión social tampoco es una empresa de fácil manejo. Gestión viene del latín, de la suma del vocablo *gestus* que significa "hecho", y del sufijo *tio,* que se podría definir como "acción y efecto". Asimismo el término social es un vocablo latino *socius* que equivale a "compañero", lo cual creo que define con claridad lo que ambos términos significan de forma conjunta. Este significado lleva a establecer el objetivo de la gestión social como el de poner en marcha el siguiente paso para afianzar más aún el objetivo de la estabilidad social construyendo diversos entornos en los que se pueda interactuar entre los distintos actores -políticos, ciudadanos, gobernantes, empresas...- que intervienen en la puesta en marcha de un proyecto común llevado a cabo en un entorno concreto, y basado en un aprendizaje abierto y global cuyo objetivo es diseñar y ejecutar los diferentes proyectos, cuya meta final es cubrir y atender las diferentes necesidades sociales, solucionar problemas e implementar medios para prevenir y modernizar lo existente. Por lo tanto es una parte de la gestión que obliga a un entendimiento entre los actores arriba mencionados para que se pongan encima de la mesa cada una de las propuestas y con ellas se defina de una forma consensuada ese nuevo pilar.

Esta clase de gestión es la que más amplitud de trabajo de campo tiene ya que la puesta en funcionamiento de la misma acarrea una relación muy cercana con ámbitos de tipo social y jurídico como el Derecho, la Educación o la Sociología entre otros. La aplicación del a gestión social a estos ámbitos origina el planteamiento de una serie de cuestiones que en base al campo de aplicación pueda dar respuesta a soluciones que luego terminemos de definir y ejecutar como parte de la gestión social. Es de total entendimiento que por el hecho de ser social implica que afecta a todo el conjunto de ciudadanos, por lo que es fundamental que esta gestión se tome como *"el proceso completo de acciones y toma de decisiones, que incluye desde el abordaje, estudio y comprensión de un problema, hasta el diseño y la puesta en práctica de propuestas"* tal y como establece el Instituto Tecnológico y de Estudios Superiores de Occidente (ITESO). Gestionar es un término muy amplio que en este caso además implica cambios necesariamente, no solo hay que corregir y mantener lo ya establecido sino que además hay que modernizar la maquinaria y ajustarla a lo que pide la realidad ciudadana. ¿Queremos construir un estado de bienestar? Pues tenemos que enfocarla a eso, a la gente, a reunir una serie de asuntos sociales para estudiarlos, plantear medidas y con ello estimar los costes y aplicarlos a nuestra estructura. Todo este proceso que estamos definiendo es como una cadena que en base al uso de unos materiales adecuados y una voluntad política y social se vuelve irrompible.

¿Que podemos deducir de todo esto? Que al fin y al cabo lo que hacemos haciendo es crear una comunidad abierta en la que todos juntos podamos jugar con las mismas cartas y conjuntamente originemos un cambio social que fortalezca no solo la línea divisoria entre nosotros y los políticos, sino que también invite a la recuperación de una imagen como país, a una credibilidad perdida, a una identidad que invite a la consolidación de una reputación que ha caído en picado desde que entramos en crisis, y por supuesto el fortalecimiento de unas convicciones y unos valores éticos y morales básicos. Para ello también hay que conocer el entorno social para aplicar las políticas sociales adecuadas y con ello la comunidad de la que forma parte así como su entorno personal, su nivel de vida, su ámbito de trabajo, etc.. todo esto forma parte del modo de vida y comportamiento del individuo y es obligación del político conocerlo para luego saber transmitir a la gente en general los distintos planteamientos, que el ciudadano lo apruebe y finalmente los organismos competentes lo ejecuten. La administración y los políticos en general están siempre para ayudar al ciudadano y para atenderlo, por lo tanto es primordial que esto se cumpla.

La elaboración de un plan de actuación por parte de los órganos competentes, de "socializar" las medidas políticas para mejorar el entorno general es primordial para establecer unas condiciones adecuadas y establecer unos objetivos de claro cumplimiento. Estos están fundamentados en base a unas iniciativas promovidas por todos nosotros que tienen como objeto desembocar en un alto fortalecimiento y constitución de aspectos básicos de la convivencia y la vida en España. ¿Como se consigue esto? Mejorando la calidad en asuntos de interés general como el trabajo, la sanidad, las ayudas sociales... como obligaciones contraídas por y para el interés general, y por lo tanto promoviendo la misión de aligerar, hacer más flexibles y accesibles el acceso a la financiación y otros recursos que permitan un fortalecimiento más evidente de la compenetración adquirida por políticos y ciudadanos y la consecución de los objetivos previstos.

Así a bote pronto puede resultar un rollazo todo esto pero es que realmente es necesario entender que el funcionamiento de un país depende de como se gestiona y nosotros tenemos mucho que decir ahí, los políticos tienen que hacer una gestión social que recoja con ilusión todo aquellos que se le plantea y lo transforme en algo suyo, en algo representativo de la labor que tiene él encomendada y la ejecute con profesionalidad y honestidad. Si conseguimos gestionar correctamente el ámbito social habremos conseguido reforzar la cadena y con ello acercanos más a una meta cada vez más esperanzadora y precisa, que conecte de verdad los dos mundos en los que vivimos -el político y el social- creando solo uno en el que todos convivamos.

La gestión emocional es el último punto de este apartado y quizás el más "espiritual" de todos. Una definición de la misma sería "el conjunto de habilidades que nos permiten comprender, sentir y controlar y modificar emociones propias y ajenas". Estas percepciones son algo que tiene que estar presente en todo momento cuando se tiene una misión de tal envergadura como es ganarse la confianza de los ciudadanos, hay que "ganarse a la gente" y para eso hay que entenderla y ponerse en la piel de ella porque al final todos somos los mismo, todos sentimos y padecemos de manera similar, y lo que en un principio es el problema de unos puede ser mañana el problema de todos, por lo que siempre hay que mirar desde una perspectiva única que es en la de persona y no en la de personaje. Si el político es capaz de empatizar con el ciudadano de verdad, ponerse en su piel y actuar en consecuencia, hay muchas posibilidades que se desarrolle un potencial humano que desarrolle unas capacidades políticas fundamentadas en las necesidades generales y que garanticen con casi total probabilidad el éxito de la misión en el conjunto de la sociedad.

El problema que nos encontramos en la sociedad actual está en que los políticos -y algunos empresarios vinculados con la política- son inmunes a emociones como el miedo, la rabia o la tristeza porque sus intereses son distintos a los del resto de los ciudadanos y por lo tanto esos conceptos no forman parte de ellos, no empatizan con la gente y solo buscan su propio desarrollo personal. Eso tiene que cambiar. Si estamos construyendo un uniforme estado de bienestar social, el pilar que nos falta y con el que se conseguiría un mayor grado de acercamiento y confianza seria el de la humanidad, el de sentir como los demás y hacer que los problemas de todos sean también el problema de unos, que todos somos iguales y que hasta que no están todos los frentes cerrados no tenemos la garantía de que se originen grietas en la estructura, así que señores políticos tomen nota, desempeñan su labor gracias a la muestra de confianza de los ciudadanos y por lo tanto es de primer orden entender y gestionar las emociones, hacerlas propias, para de ese modo construir las políticas más adecuadas y poder presumir de que en España las cosas se hacen bien, que nadie queda desamparado y que somos una gran familia.

Hacer política y más aún en el ámbito que nos lleva ahora implica es algo muy delicado porque hay muchos factores en juego a nivel emocional, y por lo tanto no se puede caer en aplicar políticas que el político "cree". El político no tiene derecho a creer a nivel personal sino en afirmar con contundencia que las medidas y ordenamientos que quiere establecer son las más adecuadas para la gente siempre desde el punto de vista social. Para eso son políticos, para aplicar fórmulas que mejoren la calidad de vida de la gente siempre de un punto de vista global, del entendimiento colectivo e insisto, nunca personal. En el momento que se utiliza la política como instrumento sustitutivo de la conciencia moral y social desprestigiamos nuestros propios ideales, mejor dicho, nos los desprestigian porque no hay nada peor que se utilicen las herramientas de forma incorrecta y lo que es peor, a sabiendas. Por es tan importante hacer buenas políticas sociales, porque un mal uso obliga a pensar que *"la política es la prostitución de la mente"* como alguien dijo una vez, y en un mundo tan sumamente politizado como el nuestro hay que tomar medidas reales y eficaces que no atenten a las emociones de las personas más que en el lado positivo. Todo lo que sea bueno para el ciudadano es bueno para España y por tanto, un indicador de que las cosas se están haciendo bien. El político tiene que buscar siempre la satisfacción de la gente y crear estados anímicos que le hagan ver que se está viendo recompensado por su trabajo bien hecho.

Tenemos tres pilares ya, y este cuarto es el que más a fondo hay que llegar porque afecta a como pensamos y como los políticos nos ven, por lo que se lo tienen que currar muy bien para que este nuevo pilar se constituya con dureza y no lo tire ni un terremoto. Si se consigue actuar de una manera decidida y dejando de lado ideologías actuando con la cabeza y el corazón, entonces tendremos ya el último pilar hecho y el político será uno más como nosotros, conseguiremos que piense como nosotros y utilizará los instrumentos políticos de la forma correcta. Si eso lo tenemos entonces habrán hecho correctamente su trabajo y todos conviviremos en un estado robusto, bien unificado, firme e indestructible. ¿Queremos esto? Pongámonos en marcha señores políticos, trabajemos todos juntos y entonces conseguiremos grandes cosas.

CAPITULO 5
La estupidez humana contra el racionalismo social

"Hay dos cosas infinitas: el universo y la estupidez humana. Y del universo no estoy seguro". Esta es una de las muchas perlas que Albert Einstein dejó para la historia y que a día de hoy se puede seguir aplicando. El universo está claro que es infinito, pero ¿hasta que punto la estupidez humana le sigue los pasos y más aún cuando a asuntos políticos se refiere? En este capítulo vamos a ahondar en este concepto y como llevarlo al extremo opuesto, al de la racionalidad humana y social, así como la influencia que estos dos términos tienen en el ámbito político, siempre claro, desde mi punto de vista personal.

La historia de está llena de torpezas, todos nos equivocamos en algún momento de nuestra vida, es lógico y natural que nos ocurra, pero no es lo mismo ni tiene la misma trascendencia a nivel personal que a nivel colectivo. En el segundo caso no es admisible que ocurran ciertos acontecimientos que perjudiquen la imagen y/o el trabajo de gestionar una comunidad sea del ámbito que sea. Lo que ocurre con esto es que más allá de tomárnoslo en serio, recurrimos a la ironía y a la risa para poder sobrellevar las meteduras de pata que tanto por la ineptitud, la estupidez y la falta de sentido común somos conscientes los españoles.

Hay muchas anécdotas que dan fe de lo que cuento, por ejemplo cuando en Febrero del año 2003 el que fuera en su momento Gobernador de Florida Jeb Bush, le dio las gracias al entonces presidente del Gobierno Español José María Aznar por su amistad a EEUU como "presidente de la República Española". En Australia, durante la interpretación de los himnos antes del España-Australia de la Copa Davis de tenis, Ferrero, Corretja, Feliciano y el resto del equipo español se quedaron perplejos cuando en el momento de sonar el himno español, sonó el de la II República. Otro momento "glorioso" fue cuando el ciclista Alberto Contador ya en el podio del Tour de Francia escuchó el himno de Dinamarca en vez del español. España se ha convertido por méritos propios en un país de comediantes pero no por el ejercicio de la profesión, sino por las torpezas de los políticos o por su afán de sacar su lado cómico -que en algunos casos consiguen-. Otro momento para la historia fue cuando Federico Trillo siendo el Ministro de Defensa en ese momento, acudió a El Salvador para visitar a las tropas españolas allí destinadas y pidió a los militares que repitieran con él *"¡Viva Honduras!"*, causando asombro entre los allí presentes. Pero si hay un momento de gloria y que además evidencia una imagen pintoresca y divertida fue cuando el entonces Rey de España Don Juan Carlos le pidió al presidente de Venezuela Hugo Chávez el famoso *"¿Por que no te callas?"* durante la Cumbre Iberoamericana celebrada en Chile en 2007. Todos estos son hechos que crearon en su momento una gran polémica y que podían hacer conllevado problemas muy serios pero ahora pasados unos años se ven como algo simpático aunque no carente de prudencia, para evitar que vuelvan a ocurrir ciertos hechos. Las cosas serias hay que tratarlas de forma seria, en el momento que no es eso así entonces hay riesgo de que veamos perjudicada nuestra imagen, ¿Y quién tiene la responsabilidad de mantenerla? Los políticos.

¿Que quiero hacer ver con todo esto? Simple, que cuando se trata de representar, de trabajar, de dar esa imagen de país, de esa marca España que se ha puesto tan de moda, hay que tomárselo muy en serio. Con los años España ha creado una imagen que se asemeja más a los mundos de Yupi que a una imagen seria y responsable de país. España es demasiado importante como para que estemos todo el día jijijaja, no hay que perder nunca el sentido del humor, pero siempre hay que actuar con responsabilidad y cuando se sucedan actos que atenten a la imagen nuestra hay que ser serios, tomar medidas y corregirlo de forma inmediata. Por eso me parece fantástico lo que hizo el Rey a Hugo Chávez o el toque de atención a

Trillo cuando hizo el viva a Honduras. Insisto que no deja de ser cómico pero a la vez muy serio, ya que si no se hubieran corregido esas manifestaciones ahora España sería un país de risa. Por ello es por lo que esos actos estúpidos e inadecuados que se producen tienen que ser sustituidos por la racionalidad de quién los provoca. Somos todos los suficientemente mayorcitos como para saber cuando hay que jugar y cuando trabajar, cuando hacernos los graciosos y cuando hablar en serio, y no se puede jugar a los dos cosas a la vez porque al final impera más la torpeza mediática que produce más que el mero hecho de equivocarse.

Es lo que tiene ser político, que tiene que ser siempre una persona seria y ajena a ridículos hechos que cambien su forma de verle por parte de los ciudadanos porque eso afecta y de manera muy directa también a la imagen global del país. Es lamentable a la vez que cómico que veamos a nuestros políticos en prensa o en televisión y nos entre la risa como es mi caso. Yo no puedo evitarlo, la historia reciente de España nos deja muchos ejemplos de casos en los que se ha "pillado" a algún dirigente diciendo algo que no debía a micrófono abierto sin ser consciente que se le podría oír. La imagen política de España está muy alejada a día de hoy del ejercicio de la responsabilidad social, y más cercana de la sátira circense, las medidas que se toman para hechos de especial importancia ciudadana no concuerdan con su percepción de la racionalidad social y por lo tanto sus actos no van en la dirección adecuada. ¿Donde van? Solo ellos lo saben y eso me preocupa, porque nosotros tenemos que saber por donde nos llevan, pero al final lo que nos queda es esa vena cómica con la que nos quedamos y que nos distrae un poco de los problemas realmente serios, aunque cuidado, que esa torpeza y ese guiño a la comedia por parte de los políticos también es un hecho muy serio, que si fueran suficientemente coherentes y sensatos y se preocuparan de verdad por los intereses comunes y no por sus propios intereses otro gallo cantaría, pero como están más pensando en sus cosas que en las de los demás al final su imagen se queda en entredicho y esa imagen se traslada al resto de los españoles, creándose con ello un concepto equivocado fuera de España y por el que seamos más conocidos que por la gestión impecable de las diferentes políticas. Benjamín Franklin dijo en una ocasión que *"el primer error que se comete en la actividad política es dedicarse a ella"*, algo totalmente verídico y con lo que estoy del todo de acuerdo, porque a menos que no exista una motivación interior que impulse a trabajar por y para los demás lo mejor y más sensato es no dedicarse a ella. Lo que no puede ser es que se ejerza ese papel y se de una imagen más cómica que otra cosa. Para dedicarse a la política hay que estar preparado física y mentalmente además de disponer de una serie de valores acordes con la mentalidad general de la gente, buscar siempre los mecanismos de mejora de las condiciones, etc... son muchas cosas que no se pueden dejar en manos de cuatro esgarramantas que nos toman el pelo como gilipollas y lo que es peor aún, esa imagen que nos transmiten la reflejan ellos en sus políticas a través de sus actos y representaciones.

La política es algo muy serio, y como tal hay que tomarla. Si España fuera lo suficiente responsable y eficaz a la hora de poner en marcha políticas, no estaría constantemente saliendo a la palestra en los medios caricaturizada por actuaciones y dichos que aunque cómicos, degradan la imagen nuestra. Yo no voy a negar que me rio mucho cuando veo lo patanes que son algunos políticos y ver como se ironiza con ello, y ya que España está hecha un asco -por mucho que nos quieran vender lo contrario- por lo menos sacamos el lado gracioso al asunto y lo vemos de una manera que nos hace más llevadera la vida, que bien nos sienta. Es muy triste que lleguemos a este punto, porque no hay nada gracioso en ver como la tasa de desempleo, las ayudas sociales, la educación... son conceptos totalmente degradados y que están en el punto de mira del descalabro político y social, es algo que convive con nosotros desde el año 2008 y que sigue ahí, pero somos fuertes y tenemos que seguir luchando por estar ahí dándolo todo por salir adelante -aunque otros no lo hagan más que lo justo- pero nunca sin sentido del humor. Hoy en día es lo único que nos mantiene vivos, es verdad, sin humor la vida carece de sentido. La política, como he dicho antes, de humor no debería de tener nada, pero sin embargo se ha convertido en un chiste y me preocupa mucho que esa imagen se traslade a Europa porque si no se nos toma en serio a través de nuestros actos, no se nos tomará en serio nunca y seremos unos muñecos manejados al antojo de todos. Yo creo que eso no es lo que queremos, una cosa es reírnos de nosotros mismos por actos más o menos inocentes y otra cosa es ser gilipollas perdidos, a ese extremo no tenemos que llegar.

Hemos llegado a un punto en España en el que se ha llegado a dos formas de representar el entramado político: cómicos y tiranos. ¿Que queremos? Cualquiera de estas dos opciones nos llevan al desbarajuste total y absoluto. ¿España va a salir de la crisis a través de la estrategia de caer bien a la gente exteriorizando la alegría y cachondeo? ¿O quizás dejar completamente en manos de los políticos el futuro del país haciendo ellos lo que les da la gana y como les da la gana importándoles un huevo todo lo demás, e imponiendo sus propios criterios? Yo creo que somos tan egoístas que para que nos vamos a conformar con una cosa solo pudiendo tener dos, y para ello han creado un prototipo de la imagen de España a través de la mezcla de estos dos aspectos. Me parece increíble que la misión de representar un país caiga en menos de gente cuanto menos incompetente que hace oídos sordos a las necesidades que le surgen y toma medidas como ellos creen que tienen que tomarlas. Un político se tiene que mover principalmente por convicciones y no funcionar como vía para conseguir sus objetivos personales que es como lo hacen ahora. Creo yo que también son humanos, que también tienen una serie de necesidades, tendrán hijos, familia, y querrán lo mejor para ellos ¿no? Pues entonces que me expliquen porque se toman medidas absurdas e incoherentes en todos aspectos, que más allá de favorecer a la gente la ridiculiza, la hunde en la miseria y cada vez le presta menos ayudas. Yo la verdad no lo entiendo, pero lo que menos entiendo que es que nos quedemos con los brazos abiertos y no hagamos uso de esa racionalidad que nos caracteriza tomando medidas que pesen y que sientan en sus carnes nuestros amigos políticos. Un representante político no es más que un representante de la gente, y como tal hay que atenderla, no disfrazándose de payaso -aunque a algunos no les hace falta porque ya lo son- y haciendo gracias que en el fondo son acontecimientos que perjudican la propia imagen del político y por herencia la de España y todos sus ciudadanos. ¿Que es eso de hablar maravillas de las fuerzas de seguridad del Estado, cuando luego una señora como Esperanza Aguirre deja el coche en doble fila en plena Gran Vía de Madrid, sale huyendo, golpea a un coche de la policía y luego dice que la habían acosado? Un político tiene que ser integro siempre y en todo momento, y si se ha cometido un acto en el que una persona pública ha sido la partícipe en ello, que demuestre un poco de madurez y responsabilidad. Seguro que no es la única sexagenaria a la que se le multa, pero claro, como es una personalidad importante eso parece que le da derecho a estacionar donde la plazca y a revelarse a la autoridad. Si eso lo hago yo con mis cuarenta y tres años me cae una multa del quince, y si encima me revelo contra la policía igual hasta me meten cárcel. ¿Que es esto, gracioso o trágico?

Pero el problema yo no es solo esa lucha de vertientes entre la estupidez o la racionalidad, también existe otro factor importante a tener en cuenta: la hipocresía. Esto también forma parte del ADN político, creo que cuando vas a la Universidad a estudiar deberían enseñar a desechar ciertos comportamientos que dañan la imagen que nos quieren dar los políticos. Ya lo he dicho en capítulos anteriores, un político tiene que actuar siempre con seguridad en todo lo que dice y lo que hace, y hay terminologías que deberían desaparecer de su vocabulario, y determinados actos que deberían ser racionalmente cuidados. El obtener un puesto de poder implica una importante responsabilidad de cara a los demás, y no solamente en el ámbito empresarial sino también en el político. Quizás en este campo es cuando se tiene que abusar más de un grado de transparencia que haga ver a la gente lo que se está haciendo y de que modo se está haciendo, porque esos puestos de responsabilidad son puestos por los ciudadanos y eso es algo que jamas se tiene que olvidar, por lo que se tiene que responder a esa confianza con carisma, respeto, entrega y responsabilidad, no con cachondeo y con actos degradantes y ridículos. Hay muchos cómicos en España que representan mucho mejor y dan a conocer mucho mejor también la imagen nuestra que lo que hacen los políticos, ¿Por qué? Porque sienten y viven para entretener a la gente y se lo toman muy en serio, al contrario que aquellos que su trabajo en ocasiones se lo toman a cachondeo utilizando a la gente. Como dijo el humorista Will Rodgers: *"es fácil ser humorista cuando tienes a todo el gobierno trabajando para ti".*

Creo que si los políticos quieren ser graciosos y caer bien a la gente, deberían aprender de los cómicos porque ellos si que sienten y viven lo que hacen, que les den las claves para conseguir actuar como lo que son. La diferencia entre un cómico y un político es que el primero lo es, y el segundo lo intenta pero uno no puede pretender ser lo que no es y mucho menos cuando no te lo tomas en serio. El Rey Juan Carlos I se fue a cazar elefantes a Botswana, donde se rompió una cadera y al cabo de un breve tiempo apareció pidiendo perdón a los medios. Independientemente de si es legal o no cazar elefantes -que en el caso de Botswana no es ilegal-, se están traicionando valores y dañando la imagen no solo institucional, sino también del país y más cuando hasta 2012 fue el presidente honorífico de WWF España con lo que ello conlleva. Esto enseguida llegó a los medios y a las redes sociales que fueron inundadas con comentarios que aunque había de todo, en su inmensa mayoría se mofaban de la torpeza del monarca lamentando a su vez la imagen que de España está promocionando. Este es un ejemplo de... no se si llamarlo ingenuidad o torpeza, pero en cualquier caso, de algo que no debería ocurrir y menos cuando la posición que se ocupa es de tal envergadura.

El comportamiento del ser humano viene siempre definido por una serie de estándares que son los que rigen el modo de vida por el que se mueve, ya sea personal o laboral, pero es en este último en el que más responsabilidad de exige y por lo tanto el que mejor índice de preparación tiene que tener el personaje en cuestión. Me quedo con una declaración de Winston Churchill que dice: *"las actitudes son más importantes que las aptitudes"*. Actitud, esa es la clave, el saber estar y dar imagen de responsabilidad, respeto, entrega y trabajo. No se le puede pedir peras a un olmo, está claro que no todos los políticos tienen una preparación adecuada al puesto que tienen pero ya que están ahí tienen que demostrar que saben hacer su trabajo con el máximo de sacrificio y seriedad. Lamentablemente, a día de hoy, no somos nosotros los que podemos poner a dedo a quién consideramos que debe tener un cargo concreto ya que todo se basa en las malditas y absurdas ideologías -que bajo mi criterio personal están haciendo tanto daño-, y por lo tanto son elegidos por los propios partidos, pero si podemos abrir una vía de reflexión para que las personas que tengan la misión de encabezar un proyecto político, lo hagan con un compromiso serio y leal y por lo tanto cuiden su "aspecto", no dejándose caer en la idiotez y en esa estupidez que define este capítulo.

La racionalidad y la estupidez forman dos partes de un mismo ente, pero hay que saber diferenciarlos y por lo tanto aplicarlos en los momentos oportunos. Un político serio no puede cometer la torpeza -por decirlo finamente- de hablar cuando cree que no le está grabando, ni de gesticular cuando cree que nadie le está viendo, porque entonces se pone en entredicho y además supone una falta de respeto a la gente a la que representa, y no habla de sus compañeros de partido ni a sus votantes, sino al conjunto global de la gente.

¿Como distinguir lo que es racional o estúpido? Esta es una pregunta interesante, pero antes de darle respuesta hay que abrir la mente y ser reflexivo. Nuestro cerebro es una gran ordenador que está preparado para recibir y procesar una gran cantidad de información, y eso es algo de lo cual podemos estar muy agradecidos a la naturaleza por dotarnos de una maquinaria tan extraordinaria a la vez que compleja, y que es la que a través de impulsos eléctricos dirige nuestras emociones, sensaciones y acciones. Tiene que existir siempre un control sobre todos estos aspectos aunque es cierto que es tal el trabajo que lleva nuestro cerebro, que a veces nos traiciona y cometemos errores, somos humanos y por lo tanto, tenemos derecho a equivocarnos.

Muchas veces, cuando analizamos con conciencia la información que vamos recibimos a través de nuestros sentidos, cometemos el error de dejarnos llevar por nuestras creencias, expectativas y otros sentidos intrusos que nada tienen que ver con nuestras percepciones, y eso hace nuestro subconsciente se vuelva egoísta y en la obligación de reflejar un acto espontaneo que puede ser racional o no, pero que define el comportamiento y la respuesta emocional a un hecho o dicho. En 2008, los micrófonos le jugaron una mala pasada a Mariano Rajoy cuando le decía a Javier Arenas: *"Mañana tengo el coñazo del desfile. En fin, un plan apasionante"* durante la clausura de la XIII Interparlamentaria del PP que se celebraba en A Coruña pensando que no le podía oír nadie. José María Aznar, entonces presidente del Gobierno, una vez finalizado su discurso en el Consejo Europeo de 2002 no se dio cuenta que la luz roja del micro continuaba encendida y soltó *"¡vaya coñazo que he soltado!"*. Esperanza Aguirre dejó salir por su boca una refiriéndose a los arquitectos: *"Habría que matarlos. ¿Tú sabes por qué habría que poner pena de muerte? Me caen mal los arquitectos porque sus crímenes perduran más allá de su propia vida"*. Tela marinera. Fue en su etapa de Presidenta de la Comunidad de Madrid y estaba visitando las zonas afectadas por los incendios de Robledo de Chavela y Valdemaqueda. Pedro Castro, del PSOE, en 2008 dijo: *"¿Por qué hay tanto tonto de los cojones que todavía vota a la derecha?"*. El alcalde Getafe posteriormente pidió disculpas por los comentarios. Estos comportamientos dicen mucho de esta gente, creo que si se les sometiera a una revisión rutinaria para comprobar sus impulsos cerebrales nos sorprenderíamos bastante, no porque no sean inteligentes sino porque estoy seguro que ante determinadas situaciones no tienen lo suficientemente entrenado el subconsciente y este les traiciona. Un político todo esto lo tendría que tener más que estudiado, ¿De que sirve sacarse una carrera en Ciencias Políticas, en Derecho, una ingeniería agrónoma o un Máster en Relaciones Laborales si no les enseñan a saber manejar sus propios impulsos? Es evidente que hay una carencia en cuanto al modelo de comportamiento que tienen que establecer ante unas determinadas circunstancias, no se puede ser tan ingenuo ni tan torpe y mucho menos llevarlo al extremo de la estupidez porque llegado ahí entonces ya es más difícil que nadie les tome en serio.

Ya lo dijo Nelson Mandela: *"Siempre he tratado de liderar dando el ejemplo"*. Un político sea cual sea su posición y su forma de pensar, tendría que tener esta reclama en el cabecero de su cama, pero yo la trasladaría al tiempo actual, con la máxima de que cada día por la mañana al levantarse, si su objetivo político es liderar, que se esfuerce en ello pero siempre con el ejemplo. Creo que además de rezar el padre nuestro por las mañanas no estaría de más que durante unos segundos reflexionaran sobre ello y seguramente su conciencia estaría más limpia y su raciocinio más estable, dejando las bromas y los sarcasmos para las reuniones con los amigos. Mientras se está formando parte de un partido político, antes que cualquier otra cosa hay que darse cuenta que ser de A o de B lleva consigo siempre la misma obligación, que es conseguir una meta final en base a unos ideales propios en concordancia con el ciudadano y la cual ponga de manifiesto que la política es algo muy serio, que no se puede ni se debe tomar a broma. El problema es que a algunos parece que les da igual, les es completamente indiferente en el fondo haber errado, porque piensan que con decir a la gente un "lo siento" ya está todo arreglado, y no es así. Esa estupidez que demuestran, con frases como esta lo que consiguen es pasarnos esa estupidez a nosotros y tratarnos como borregos, ya que piensan que somos manejables y que bah, es una tontería y ya se pasará. Al ciudadano hay que proporcionarle ideales y creencias reales, fiables, serias, comprometidas, y no burdas estrategias para esquivar torpes actitudes dirigiéndose al ciudadano con palabras envueltas en su propia estupidez.

¿Donde empieza y donde acaba la racionalidad humana? ¿Que mueve a los políticos a actuar de una manera u otra? ¿Que factores influyen en sus decisiones y actos? Todas estas son cuestiones que deberían ser estudiadas en primero de carrera, profundizar en el entorno psicológico del asunto y saber como y cuando aplicar las políticas adecuadas sin caer en la ley de lo absurdo y la incoherencia. Ante todo esto también existe un ámbito interesante a profundizar, la racionalidad política. Creo que estos son dos conceptos que se fusionan por el simple interés de recoger por una parte los intereses de los ciudadanos, y por otro los políticos, lo cual me parece bien, pero sin llegar a caer en aplicaciones absurdas que van más allá del surrealismo. La racionalidad política es un concepto que podríamos definir como la valoraciones de unas decisiones en función de los resultados y no de otros parámetros. Este es otro mecanismo más que poner al servicio del ciudadano en forma de herramientas social ejecutada por el poder gobernante. Este término la verdad, a mi me suena a un concepto propio de una moda, la racionalidad es un fenómeno natural propio de todo el ser humano y el cual tiene que estar siempre presente a la hora de tomar decisiones, pero nunca debe tener elementos sustitutivos que acobarden esta característica y cree con ello una vertiente estúpida y fuera de toda comprensión.

El concepto de racionalidad no puede dar lugar a falsas interpretaciones. Lo racional es crear una armonía entre lo que es y lo que debería ser. ¿Que quiero decir con esto? Nunca hay que intentar segmentar la racionalidad y dividirla en subsecciones, porqué entonces nunca será un término global y universal sino algo abierto a la libre interpretación, y con ello se dará vía libre a un maltrato del concepto que podrá incluso rayar lo ridículo. El problema que tenemos en España -otro de los muchos- es que a nivel político siempre habrá diversas interpretaciones con respecto a un asunto sobre las posibles soluciones que se puedan establecer, como parte de una ideología. Eso si que es algo estúpido, la toma de decisiones y ser la voz de la gente no puede permitirse el lujo de caer en infames opiniones y actos basados en la torpeza, un político no puede ser torpe, tiene que ser inteligente y luchador por todo aquello a lo que representa con la mayor seriedad.

En una rueda de prensa, en reuniones, en los medios... siempre hay que dar una imagen de lo que es. Este país se está convirtiendo -por que así han querido que sean nuestros gobernantes y gente relacionada con ellos- en el rey de la comedia, no somos los únicos por supuesto, hay otros que también luchan por el premio, pero lo de España es de ciencia ficción. Para ser un país serio tenemos que dar imagen de eso en todos los ámbitos y no solo en los políticos, hay que conseguir que la marca España no sea solo una bandera y dos deportistas de élite, tiene que ser una forma de entender la vidas, una maquinaria creadora de emociones porque al fin y al cabo eso es lo que vende, lo que piensan, la imagen que los demás tengan de nosotros, es lo que va a hacer que luego actuemos conforme a nuestras motivaciones y convicciones, y por eso es tan importante tener presencia y conseguir transmitir todo nuestro estado de ánimo y nuestra forma de ver España al exterior. Yo me tiro de los pelos cuando vuelvo atrás en el tiempo y recuerdo cuando Las Ketchup fueron llamadas a Eurovisión en 2006 y el Chiquilicuatre en 2008 también para el mismo festival. ¿Que imagen de España estamos dando ahí? ¿Donde está aquí la racionalidad? Esto es una declaración de absurdas intenciones de querer ser el gracioso del barrio, y no se puede por un lado tener estos "representantes" y por otro lado alardear de que políticamente se está trabajando para el bien de España y que aspiramos a ocupar nuevamente las primeras posiciones en diversos terrenos.

A finales de la década de los 90 Argentina estaba metida en una profunda crisis económica, y a la vez que se luchaba por esa situación, el entonces presidente argentino Carlos Menem dijo: *"no sé si voy a sacar al país del problema económico, pero seguro que voy a hacer un país más divertido"*. Corralito, enfrentamientos en las calles, saqueos, incendios... ¿Un país divertido? ¿Es esto algo de lo que pueda alardear el presidente de un país como Argentina? ¿Es este un personaje racional o estúpido? Yo casi me atrevería a decir que cachondo, porque hace faltar tenerlos bien puestos para decir eso, pero si a eso le sumamos la ineptitud pues menuda combinación tenemos. Si de algo nos caracterizamos los españoles es que en la mayoría de los casos nos reímos hasta de nuestra propia sombra, y en el caso de los políticos siempre intentamos ver de manera irónica pero a la vez seria, las estupideces que sueltan algunos, eso deja en evidencia su papel en la sociedad a la que representa, pero sinceramente creo que les da igual lo que piensen los demás, ellos lo único que buscan es labrarse un futuro y su afán por querer destacar.

Los políticos han conseguido convertir su trabajo en el arte de la comedía, en regalar una sonrisa casi a cualquier cosa y cuando la situación es extremadamente delicada, entonces en vez de recurrir a la racionalidad que les define a ellos también como humanos, intentan desviar la atención alejándose de su responsabilidad y pasarle el muerto a otros. Aquí existe una obligación de respuesta y respaldo a la gente, y creo que llegado a este punto más que discutir si es racional o no un acto, lo que habría que discutir es si realmente se está preparado para desempeñar un cargo político. Al final nos encontramos en un escenario cómico que es donde parece que más a gusto se sienten. Ese querer ser sin serlo es un juego muy peligroso a la vez que ruin y que afea su reputación, pero eso parece que les da igual, ya actúen con raciocinio o con "sentido del humor", solo les interesa el "que conseguir" y no el "como conseguirlo".

Con el tiempo hemos aprendido a reírnos de todo esto, es muy triste pero es así. Algo tan serio como la conducción de un país tiene que estar controlado por gente que sepa cuando hay que reír y cuando hay que ser serios. Si queremos reírnos nos vamos a un circo o a un espectáculo de comedia pero no podemos consentir que nos "hipnoticen" a la gente con majaderías y mucho menos cometer torpezas que ponen entredicho la ya mencionada imagen de España. Hay que ser serios, no caigamos en el terreno de la ignorancia y pensemos que por decir o hacer algo el contribuyente se va a reír y ale, olvidado. Si nos deben un recibo o una factura por ejemplo y nos dicen un "lo siento" o "ya te lo pagaré" con una sonrisa, ¿Nosotros nos lo creemos? ¿Como actuamos en ese caso? Pues en esto es igual, los políticos nos calientan las orejas disculpándose, tirando balones fuera eliminándose responsabilidad... y todo ello de forma irónica pensando que los ciudadanos enseguida nos olvidamos de ello, jugando a desviar la atención de esos asuntos en otros ajenos a sus intereses y responsabilidades, ¿Que es esto? ¿A que jugamos? La política no es un juego, y mientras eso no se les meta en la cabeza y empiecen a actuar como personas y no como personajes, España dejará de ser un país respetado.

Esto es una lucha sin cuartel. El enfrentamiento entre la racionalidad y la estupidez viene condicionado por las enormes diferencias entre quienes son partidarios de aplicar uno u otro concepto, pero todo va más allá ya que depende de la mentalidad de la persona en cuestión, de su forma de comportarse en el ámbito político y social, de entender lo que tiene a su alrededor, y como tal reflexionar y actuar. Ahora mismo lo que se intenta desde diversos flancos es mezclar ambos conceptos y darle la vuelta a la tortilla, de tal forma que nos encontremos con una "estupidez social" y un "racionalismo político". Los ciudadanos no somos idiotas pero eso es en lo que quieren convertirnos, en elementos constituyentes de una máquina política que ejecuta actos y decisiones a su antojo sin importarle que gracias a esos elementos estas máquinas existen. Es una traición a unos valores, a una confianza, que nos vuelve borregos de una sociedad cada vez más politizada y contaminada por contravalores que a su vez la convierten -o eso al menos es lo que quieren hacer- en cuna del racionalismo político. España es un nicho de caraduras, jetas y demás chusma que más allá de corregir sus actitudes y agradecer el apoyo de los ciudadanos, utilizan las esperanzas y confianza de estos para conseguir sus propósitos políticos y con ello escalar posiciones importándoles un carajo todo lo demás. Esta es la maldita desgracia que nos azota, antesala de todos los males que nos azotan ahora en España, compartimos país todos juntos, estúpidos y listos, y como premio somos nosotros los que tenemos que recoger la primera bandera como premio a la confianza política.

Entre todos tenemos que romper con ese nuevo estatus que nos imponen de racionalidad política como si los únicos listos fueran los políticos, cuando no es que lo sean sino que juegan a serlo, y lo hacen con nuestras vidas, las cuales hemos dejado socialmente hablando en sus manos. Los políticos le deben mucho al ciudadano, demasiado quizás, porque insisto en que el político no deja de ser un instrumento que forma parte del concepto global de política, el cual es el encargado de poner en práctica medidas pensadas única y exclusivamente para el bienestar social, algo que a día de hoy brilla por su ausencia. Creo que sería de buen uso el incluir estos dos conceptos como asignaturas de toda aquella carrera fundamentada en trabajar para y por la gente ya que con los medios adecuados seguro que se podría reconducir la mentalidad de la gente que aspira a puestos políticos con la máxima sensibilidad de cara a los ciudadanos. Eso es lo que falta realmente en el político, sensibilidad, hay una distancia muy grande entre el bando político y el social y ningún puente estable que permita la comunicación entre ellos, solo el que los primeros quieran plantear nos guste o no, y en la mayoría de los casos bajándonos los pantalones asumiendo medidas y condiciones cuanto menos quebradizas y humillantes no solo para nosotros, sino por herencia para el país entero. Con esto lo que se consigue es que el ciudadano se degrade como valor y se aumente el índice de estupidez, pero ya no tanto para nosotros sino también por las reacciones que los dirigentes políticos ponen en marcha que además de ridiculizar su persona lo hacen a todos los demás, porque un político hay que recordar que no deja de ser un representante social, su labor es la de hacer la vida más fácil a los demás y sin embargo lo utilizan como una fórmula para enriquecerse particularmente y no hacerlo de forma global.

Hay momentos en los que aunque me cueste, reconozco que no puedo evitar reírme de los actos tan estúpidos y ridículos que en muchas ocasiones nos regalan nuestros amigos políticos. Cuando pienso en algunos de ellos no puedo evitar preguntarme... ¿Como es posible que hayamos llegado a esto? ¿De donde sale esta gente? Yo creo que parte de culpa la tenemos nosotros por dejarnos arrastrar por idealismos que realmente no llevan a ningún sitio, nos guiamos por la palabrería y los cuentos chinos con que sacuden nuestras cabezas hasta que consiguen que nos entren sus discursos con facilidad y una vez dentro destrozan nuestras neuronas, porque no nos equivoquemos, con todo lo que estamos viendo a diario en los medios llegará un momento en el que si no hacemos algo de verdad perderemos nuestra definición como personas y seremos todos entes estúpidos dominados como simples marionetas. Como alguien dijo en una ocasión: *"la política sería una actitud noble si no fuera por los políticos"*.

La racionalidad tiene mucho que ver con otra vertiente filosófica como es el empirismo. A diferencia de la racionalidad, que establece que el mejor camino para llegar a la verdad es la razón, el empirismo se basa en la experiencia y por lo tanto en hechos que han causado o causan o determinado efecto. Llegados a este punto es muy importante ejercer de frente de batalla conjuntamente tanto el empirismo como el racionamiento social contra la estupidez humana. Creo que cuando se trata de un proyecto a nivel global, de total implicación por parte de la ciudadanía, los planteamientos políticos tienen que beber de estos dos conceptos e ir unidos de la mano fortaleciendo unas creencias que inviten a actuar de forma normal y coherente en determinadas situaciones. Lo que no puede ser es que un personaje que ostenta una representación tan masiva como la de un país, se permita él o cualquiera de su séquito, ironizar con asuntos que ponen en juego las aspiraciones, la reputación, el bien común en general, ridiculizarse y ridiculizar al ciudadano intentando ser gracioso cuando lo único que se consigue es dar una imagen patética, necia y poco creíble. Cuando se acometen actuaciones de responsabilidad hay que hacerlas al 100% y no solo cuando a uno le interesa. Un estúpido es y será un estúpido toda su vida pero una persona racional tiene la suerte de poder elegir como quiere ser y en si mismo ejercer mecanismos de reflexión que le ayuden a una toma de decisiones sensatas, humanas y saber cuando tomarse con ironía y cuando con seriedad. Tanto que le gusta a los dirigentes políticos hablar de reformas para salir de una situación insostenible y los primeros que deberían reformarse son ellos, ser fieles a ellos mismos y no dejarse llevar por estupideces ambiguas e incoherentes que lo único que hacen es desatar una situación cómica de cara a los ciudadanos y desprestigiar una labor que debería de ser mucho más responsable de lo que es ahora. Un político tiene que saber como he dicho anteriormente, cuando ponerse serio y cuando no, pero siempre con responsabilidad política y social. Creo que es muy bueno el relacionarse con los votantes y no votantes por medio de guiños o de bromas sencillas que hagan sacar una sonrisa al ciudadano y hacerlo más cercano, es muy bueno eso de verdad, pero una cosa es eso y otra es ser un completo inepto. Son dos extremos muy distintos que hay que saber diferenciar, y un político tiene, o mejor dicho debería, tener la suficiente capacidad de reacción como para saber que aplicar, y de esa forma se definirá él solo, conoceremos su auténtica cara y nos dará pistas si es un político serio o cachondo, y en este país aunque tenemos la suerte de que normalmente siempre vemos el lado positivo de las cosas -o al menos intentamos verlo-, en el fondo no estamos para bromas.

Poco más hay que decir a todo esto, mi intención con este capítulo se resume principalmente en hacer ver a la gente a través de este denso texto, que ahora mismo no estamos como para tomarnos todo a cachondeo porque ni es el momento ni estamos autorizados moralmente a hacerlo, lo que no quiere decir que nos salte una leve sonrisa cuando vemos a un político pillado en acción soltando alguna lindeza que le puede ridiculizar pero insisto, ese acto erróneo no solo le perjudica a él sino que pone en entredicho a todo el país, reflejando una imagen de ineptitud y torpeza sin igual. Todos cometemos errores, pero creo que llega un momento en la vida que tenemos que ser lo suficientemente racionales como para concentrarnos en lo que estamos viviendo y llegado el momento actuar con mente fría y ser educado, respetuoso, coherente, sensato, cercano... una serie de valores que deberían explotar en la carrera y no solo limitarse a asignaturas propia de la misma, creo que el mundo político es más complicado de lo que pensamos y la base del mismo no es solo la formación que tenga cada uno sino que además la imagen de personaje serio, es importante transmitir credibilidad y confianza, hacer ver a la gente que están hechos de otro patrón pero que mantienen las características propias de la persona, que es honrado, luchador y trabajador, que no intenta tranquilizar a la gente con frases como *"los ciudadanos quieren reformas, no revoluciones"* o *"España necesita una legislatura más del PP"* porque esos mensajes están vacíos, ¿En que están basados? ¿Han preguntado a la gente que es lo que quieren para llegar a esas conclusiones? Este tipo de declaraciones son una tomadura de pelo que lo que intentan es convencer que el mejor camino para lograr algo es votarles a ellos, pero como digo, esto solo es una cortina de humo porque una vez que te convencen acaban haciendo con uno lo que les da la gana. Dicen que no van a subir los impuestos y los suben, dicen que van a destinar más ayudas sociales y se cargan la ley de dependencia, ¿Mejora de las pensiones? Que hagan una consulta a nuestros mayores. Por lo tanto, me parece un insulto y una falta de respeto brutal que se diga que la gente necesita tal o necesita cual por el simple hecho de decirnos a la gente cosas que no son fundamentadas principalmente en el miedo a perder votantes. Motivando a la gente y llevándola a su terreno con argumentos no verídicos hacen que nos traguemos lo que nos dicen, pensemos que es verdad porque lo dice el gobierno y caigamos como tontos en sus redes de nuevo.

Son tácticas estúpidas y crueles que atentan contra los intereses de la gente, intentar engañarnos con cosas cuyo único finfin de conseguir sus propios fines y consolidarse en el poder para presumir de estatus siendo conscientes del daño que pueden hacer pero importándoles un carajo. Si un político es serio y "siente los colores" entonces será un político honrado pero si lo único que quiere es poder y más poder a costa de los demás, hará todo lo posible e imposible para conseguirlo y si para ello tiene que pasar por encima del ciudadano lo hará, convirtiéndonos a todos en borregos guiados por el bastón del egoísmo y la crueldad política. Y sin embargo intentarán seguir siendo simpáticos, cautos en sus declaraciones y se permitirán el derecho -que no tienen- de decir cuando tienen algo que decir y cuando no. Como dijo el poeta inglés Aldous Huxley: *"cuanto más siniestros son los deseos de un político, más pomposa, en general, se vuelve la nobleza de su lenguaje"*. Tengamos mucho cuidado con esto, el político mientras no le conozcamos bien a fondo no puede ser considerado nuestro amigo. Con el tiempo se han convertido aparte de en los reyes de la comedia, en personajes insulsos, estúpidos, cobardes, con gran verborrea y faltos de empatía con la gente que lo único que buscan es su propio beneficio.

Recemos porque -a no ser que algún iluminado lo solucione- algún día consigamos crear una política entre todos que ya que tiene que existir por lo menos sea creíble, sensata y veraz, que se utilice bien y sin maldad, que no siga siendo una comedia protagonizada por actores malos e incompetentes que no saben estar cuando tienen que estar y no asumen todas las responsabilidades que les obliga su cargo porque no les da la gana, sin pararse a pensar en que están ahí por la gente y se les debe respeto y obediencia, no al revés.

Racionalidad social y estupidez humana. Dos términos que no pueden asociarse ni utilizar juntos y muchos menos intercambiarlos, o se aplica uno o se aplica otro. Todo aquel que anteponga la inconsciencia a la razón, no está capacitado ni para liderar nada ni para representar a nada, porque lo único que se conseguirá es empañar la imagen de un país extraordinario como el nuestro, que más allá de arreglarlo y darle un aire más responsable, lo convertirá él y sus amigos ideológicos en el país de la risa y el cachondeo. ¿Eso es lo que queremos? Yo creo que no, y eso hay que sabérselo transmitir a los que nos gobiernan y a los que aspiran a gobernarnos. Si hubiera sensatez, seriedad y cercanía nos lo preguntarían, aunque quizás sería también momento de preguntarles nosotros a ellos... ¿Que vais a hacer por nosotros?

CAPITULO 6
Políticos o tecnócratas

Este capítulo es para mi la esencia de este libro, el motivo por el que lo escribo. Hasta ahora he planteado diversas cuestiones todas de diferente índole, algunas más fáciles y ágiles que otras pero en cualquier caso, supone una necesidad interior para mi el ponerlas sobre el tapete. Lo que viene a continuación es quizás lo que representa todo lo narrado hasta ahora, la base de todo es esto, el plantearnos si dejamos el manejo de un país en manos de la gente adecuada. Esta es la pregunta del millón. Por supuesto siempre desde la opinión personal voy a exponer a continuación mis motivaciones y creencias sobre ambos bandos y como tal, mis inclinaciones.

En el primer capítulo ya definimos lo que era la política, pero por matizar un poco más el concepto y compararlo con el siguiente que nos ocupa, podemos decir que *"la política es una actividad enfocada en el sentido ideológico a la toma de decisiones de cara a un grupo o grupos para alcanzar un objetivo concreto"*. Aquí la clave está en el término "ideológico", los personajes que se ocupan de establecer políticas lo hacen siempre con este factor como elemento principal de sus acciones, todo va enfocado a como piensa un determinado colectivo, y como transmitirlo a la gente para que les llegue y de ese modo unirse a ese colectivo. Yo a esto lo llamo directamente secta. Es lo que es, y todas llevan a lo mismo: a conseguir objetivos en base a principios ideológicos. De verdad, para mi no hay movimiento más estúpido y poco serio que este, las cosas no pueden hacerse en función de si eres de derechas o izquierdas -ya lo he dicho en anteriores ocasiones pero no me canso de decirlo-, es de circo patatero que todas las decisiones y actuaciones que se supone van enfocadas al fortalecimiento de la sociedad, se basen en la estúpida y maldita ideología.

El problema que tiene la política es que su fundamento básico es ese, y por lo tanto todos aquellos que la practican lo toman como libro de cabecera y la aplican tanto en su entorno político como en el social y familiar. La ideología está muy mal utilizada porque no debería ser más que una forma simpática e inocente de ver determinadas cosas, y punto. En el momento en que se utiliza para conseguir fines, lo que estamos haciendo es segmentar nuestros objetivos de forma inconsciente a la gente que simpatiza con ellos, y no se puede pretender que de golpe y porrazo y a base de chorradas y verborreas estúpidas nos convenzan de que todo va bien, de que todo es bonito y maravilloso, y de que España gracias a su sacrificio está saliendo de la crisis, ¡menuda tomadura de pelo! ¿Quién dice eso? Siempre los mismos, los políticos. Aquellos que utilizan su función institucional como método para enriquecerse, ascender posiciones y sobre todo y ante todo, obtener poder. Pero... ¿Que poder? Poder absoluto, sobre su situación "personal" y sobre la gente, poder para controlar nuestras vidas a su antojo a base de recetazo limpio mientras por otro lado saquean las arcas del estado con contabilidades B, nos exprimen con impuestos que van a sus bolsillos, se gastan mil euros en una cena,... eso es lo que hay que evitar entre todos y darles un escarmiento real echándoles de esas posiciones que ocupan a través de los votos. Es fundamental un cambio radical de concepto, de ideas, de normas,... y hay que instaurar uno de respeto y responsabilidad social pleno y sincero.

El ejercicio de la política es un chupa-sangre sin fin, se ha convertido en un serio problema, porque más allá de reformarla y hacerla eficaz a la vez que honrada, a día de hoy es una invitación al choriceo, la sinverguenceria, la caradura, el aprovechamiento... y podría estarme así todo el día, pero no hace falta desgranar más cuando todos sabemos perfectamente que otros calificativos se le puede seguir otorgando. Hacer política debería ser algo honroso y trabajado ya que no hay más remedio -al menos de momento- que aguantarlos y ver como se pasa el tiempo y ellos se vuelven más ricos y nosotros más pobres y más tontos. Es verdad, la inutilidad que transmiten no hace más que tirar por la borde la imagen de la marca España que tanto les gusta vender y por ello veo de gran importancia que se pase de "personajes" a "personas", las cuales sean como nosotros, nos entiendan y sepan con claridad sin "creos" lo que necesita el país, como hacerlo y con que recursos. Louis McHenry How, político estadounidense dijo en una ocasión: *"Nadie puede adoptar la política como profesión y seguir siendo honrado"*, y yo reafirmo esta declaración, es una profesión infectada por un virus que puede llegar a ser mortal, y si queremos limpiarla hay que trabajar entre todos -digo entre todos, y no solo entre los votantes de los partidos- para conseguir ser una nación consensuada, unida y sin majaderías. Yo desde aquí casi me atrevería a decir que a todos aquellos que tengáis intención de estudiar Ciencias Políticas os lo penséis muy bien, tened muy presente en lo que os metéis porque una vez dentro dejáis de ser personas y pasáis a ser personajes, firmes a una ideología que os deprime como personas y os degrada como ser racional y humano.

El ejercicio de la política no debería practicarse de la forma tan caótica que se practica ahora, que cualquiera que sea militante de un partido pueda en un momento dado llegar a representar a un colectivo de la ciudadanía o al país entero por el simple hecho de haber sido elegido por el resto de miembros de dicho partido. Para que haya un orden, y tengamos la seguridad de que quien ansia controlar nuestros destinos está mentalmente y profesionalmente preparado, deberían establecerse unas pruebas y/o exámenes que acreditaran la autenticidad de esa denominación, y por lo tanto, la preparación para acoger la responsabilidad de dicho cargo o estatus. Tiene que estar todo basado en un orden piramidal, cuya cima sea el premio -o el reconocimiento, como queramos llamarlo- que otorgue esa distinción y que de ese modo sea reconocida, como si de una licenciatura o un doctorado se tratase. Para conseguir llegar a la cima y poder obtener el "carné de político", habría que empezar desde abajo, como un simple militante de ese partido, y poco a poco ir escalando peldaños en base a la obligada realización de uno o unos reconocimientos psicológicos y unos exámenes teóricos y prácticos, diferenciados en varias etapas, que confirmaran paso a paso que esa persona está cumpliendo los requisitos legalmente establecidos por ley -y para ello evidentemente debería existir una ley que regulara esos procedimientos- y preparada para poder afrontar y realizar la difícil misión de dirigir el destino de todo un país, tomando como fuente de referencia las necesidades del ciudadano.

No puedo cuanto menos que coger un cabreo de narices cuando veo como los políticos se suben a dar charlas sobre economía o la evolución del turismo en España cuando lo único que están haciendo es ponerse medallas por un trabajo en muchos casos a medio hacer, y encima sin tener en cuenta los intereses ciudadanos como norma de funcionamiento, siempre anteponiendo los suyos propios. Vamos a ver, llegar al poder y ejercer tareas políticas es hoy en día un foco de infección tan terrible para este país que a menos que cambiemos la perspectiva seguiremos marchando por la senda de la perdición. Hacer política es sinónimo de engañar, de engatusar a la gente, de jugar con sus ilusiones y de utilizar el poder de estar ahí arriba para hacer lo que les viene en gana. Me parece totalmente alucinante que un político tenga que tener ser excelentísimo, ¿Por qué? ¿Que han hecho para ganarse ese título? Como todo en esta vida, los triunfos y los reconocimientos hay que ganárselos, y aquí por el simple hecho de ser del partido A o del partido B, tener amigos, lamer el culo a quien corresponda y sobre todo engañar y engatusar a la gente, es lo que hace que al final estos personajes lleguen al poder y lo utilicen para conseguir un estatus, beneficiarse de una posición y al ciudadano que le den. Yo en serio, de verdad, me pone de muy mala leche ver como los políticos se ríen constantemente de nosotros, me parece una figura totalmente ridícula y abusiva que debería estar en un segundo plano. Los ciudadanos tenemos que ser más listos y conscientes de lo que tenemos encima, de la panda de personajes que interpretan un papel para contagiar ilusión y llevarnos a su terreno ideológico, de su forma de entender la vida, de un estúpido terreno segmentado por creencias partidistas que no casan con las ideas que deberían realmente transmitir. A la gente hay que tratarla con respeto y siempre con ideas basadas en hechos reales y totalmente neutros. No se pueden tomar decisiones en base a lo que piensa que está bien uno u otro, las cosas, y más cuando son de especial trascendencia para el país, tienen que ser estudiadas de manera minuciosa dejando de lado el ámbito ideológico.

Hay que cambiar la forma de entender la política, hacerla neutral y efectiva, sin tontadas ideológicas y en busca siempre de la mejora ciudadana, pero estas cualidades y el concepto como tal son incompatibles y por lo tanto utópicas para todos. Es por ello por lo que veo de vital importancia la figura del tecnócrata. ¿Que es un tecnócrata? Podríamos definirlo como la "persona" que utiliza los métodos científicos para resolver los problemas de la política. La tecnocracía es un movimiento originado en los Estados Unidos durante la décadas de 1920 y 1930, donde en lugar de tomar decisiones en base a la ideología, se actuá en base a unos resultados basados en datos empíricos, es un sistema donde científicos y expertos toman decisiones al servicio de los ciudadanos. Creo firmemente en este concepto y en esta figura, la veo de especial importancia para el desarrollo y crecimiento de todos. Llegados a esto, aunque no me agrada en absoluto la idea, creo que la figura del tecnócrata y el político deberían de trabajar juntas, ambas en la misma dirección pero con posiciones totalmente diferenciadas creando una estructura piramidal jerárquica ordenada y consensuada con los ciudadanos. Es por ello, por lo que creo que la constitución normativa y ejecutiva de un país, en nuestro caso España, debería de estar representada por tres figuras: tecnócratas, políticos y ciudadanos, formando todos ellos parte de una escala piramidal que establezca un orden institucional.

Ya hemos hablado de la figura del político, pero en este orden que establezco, ocupa una segunda posición porque realmente es la posición que debería ocupar. Un político establece normas, redacta leyes, es la voz parlamentaria digamos, y su vez es el puente entre el ciudadano y el tecnócrata. Un político jamas tendría que ocupar las posiciones que ocupan ahora de ministros, secretarios, delegados... un político tiene que ser un político, y punto. Una persona que trabaje partiendo de los dictámenes y necesidades que tiene la gente, ejecutando todo lo que dictan los tecnócratas a través de la creación de leyes y normas fundadas en base a requerimientos ciudadanos reales. Un político jamas tiene que tener la orden de mando, jamas tiene que ser el que se reúna o se haga la foto de turno, jamás tiene que ser un alto cargo... tiene que ser única y exclusivamente los que están detrás escribiendo y poniendo de manifiesto las normas que mandan los auténticos representantes de las necesidades de la gente, y por ello su labor es de actuar de puente entre un sector y otro, aplicando siempre el factor de la neutralidad con la que desarrollar los diferentes planteamientos.

Los tecnócratas tienen que ser figuras representativas de todo aquello que es necesario para el desarrollo del país, son expertos en una materia concreta y a la vez estudiosos de las auténticas necesidades de la gente, preocupados por todo lo que ocurre alrededor del ciudadano y con el compromiso de poner todos sus recursos y experiencia en la resolución de los problemas y necesidades actuales y en la prevención de los futuros. Por su preparación son los que están legitimados para desarrollar puestos de responsabilidad, así para llevar por ejemplo el Ministerio de Economía, el cargo ministerial lo tendría que ocupar un doctor en economía, para el Ministerio de Sanidad un médico o director de hospital... apoyándose en personal de confianza que les sirvan de apoyo a estos para la correcta toma de decisiones, lugar que ocupan los asesores. Un tecnócrata es siempre el primero, el jefe, el mandamás, el que ocupa la cima de la pirámide, nunca se puede variar ese orden porque si es así nuestro país nunca estará yendo en la dirección correcta. La responsabilidad de gobernar, de representar a una comunidad, no tiene que estar encabezada por políticos, ya que ellos no tienen ni la capacidad ni el estatus, ni la responsabilidad que tendrían personas más preparadas y que se tomarían más en serio su trabajo como los tecnócratas. Ya vale de ver a los políticos haciéndose fotos con deportistas, dando charlas mostrando imagen de grandeza y superioridad cuando realmente -lo he dicho por activa y por pasiva-, son puros empleados de los ciudadanos y por lo tanto tienen que tener dignidad y respeto a la gente. Si un ciudadano se acerca a hacerles una petición, la tienen que recibir con total compromiso y seriedad, no que se encargue el guardaespaldas -que pagamos nosotros- el que recoja la petición como si nos estuviera haciendo un favor. Así funciona la política y todos aquellos que la practican, no es una forma de gobernar, es una forma de esclavizar a la gente y de tomarle el pelo con medidas que atentan contra muchos derechos que nos conciernen, la política es una enfermedad, una lacra que afecta a todo un séquito de personajes que comparten ideas enfermizas y erróneas dentro de un entorno político, de una secta que además intenta absorbernos y transformar al ciudadano con sus ideales ideológicos. Todo esto hay que cortarlo de raíz pero ya, hay que cambiar el chip y pasar la figura del político -ya que lamentablemente tiene que existir- a un segundo plano, a esquinarlo detrás de una mesa para que redacte todo lo que le dictan los "expertos de verdad".

Dentro del establecimiento jerárquico que he planteado no olvidemos la figura de los asesores, los cuales son figuras claves para la correcta distribución de los diferentes ejes con los que tendría que trabajar un auténtico gobierno, y para eso tienen que ser neutrales y dependientes de unas normas y no de unas ideologías. Es totalmente lógico que una sola "persona" tenga un equipo de trabajo con el que trabajar y tomar decisiones, tarea que debe estar alejada de la figura del político y acercarse más a la del ciudadano. En esta vida, menos la muerte todo tiene solución y aquí está muy clara. Reestructuración completa del orden institucional, crear una nueva forma de gobierno basada en la cercanía y en el auténtico interés por el bienestar de los ciudadanos, creer y sentirse parte de lo mismo, ser sincero y trabajador anteponiendo intereses generales a partidistas. Cambio en definitiva. Los partidos de derechas o izquierdas han crecido, ya no están solo los mismos de siempre pero si que entre todos al final dicen todos lo mismo, da igual si es un partido de reciente creación o veterano, al fin y al cabo tienen todos algo en común, un concepto ideológico que segmenta gravemente a parte de la población, e intenta intoxicar al resto, menospreciándola pero a la vez intentando traerla a sus cauces para que se vuelvan ideológicamente iguales. Que solemne estupidez, de verdad que me enervo cuando veo y oigo a toda esta gente prometiendo y con esos aires de superioridad que les caracteriza bajo el disfraz de la representación de la gente, cuando en el fondo nos utilizan como burdas marionetas para sus propios fines personales y profesionales.

Mientras sigamos al amparo de los políticos tenemos que expresarnos los ciudadanos con más firmeza y exigir resultados. Aquellos prometen y reprometen y luego no cumplen nada, ¿Y que hacemos nosotros? Nada, callar como putas. Pues eso se acabo, en una empresa nuestros jefes nos exigen trabajo y resultados, pues nosotros tenemos que hacer lo mismo con ellos que para eso les damos de comer a costa de morirnos de hambre nosotros. Hay que establecer mecanismos de control que obliguen a que los políticos cumplan sus promesas, y si no que sean sancionados económica y laboralmente. Se piensan que si hacen algo mal y piden perdón ya está todo solucionado, y eso no es así, pedir perdón sin aportar soluciones no significa nada. Cuando un político toma un cargo de responsabilidad política y jura ese cargo, tendría que ser informado y ratificado con su firma que cualquier acción que se proponga y no se cumpla -excepto en casos de fuerza mayor- será castigado con la obligación a renuncia del cargo y una compensación económica,. Ya está bien de exprimir a la gente cuando los primeros que se tienen que exprimir son ellos y trabajar como burros para nosotros. Ya está bien de tomarnos por el pito del sereno, utilizarnos para sus fines y luego olvidarse de nosotros y complicarnos la vida más que favorecérnosla, no es admisible un comportamiento tan malvado con la mano que les da de comer. De verdad pienso que cada vez nos volvemos más gilipollas, lo veo a diario en los medios y me causa un gran dolor ver como intentan hipnotizarnos con sus discursos sin aportar soluciones más que hablando de que el partido rival ha hecho esto o lo otro, como si fueran niños pequeños.

Es hora de cambiar el rumbo y dejarlo en manos de personas expertas, rodeadas de gente preparada que saben lo que hay que hacer y como hacerlo, sin por ello sacrificar y atentar contra el raciocinio moral y ético. Ya lo he dicho antes, las cosas no están bien si eres de un partido o mal si eres de otros, o están bien o están mal, y mientras consintamos que la ideología política reine nuestras vidas, y por supuesto nuestro país, nos vamos directos a la ruina. Esto si que es fragmentar un país y no el que un partido quiera o no pactar con otro, hay que evitar a toda costa que sigamos siendo tan diferentes cuando en el fondo somos tan iguales, o podríamos serlo mejor dicho si actuáramos con cabeza y sentido común y nos fuéramos todos a la calle y exigiéramos un cambio de gobierno total y absoluto con planteamientos basados en la experiencia y en el trabajo y totalmente neutros con la ideología. Según el informe INNOVACEF elaborado por la Universidad a Distancia de Madrid en 2014, un 73% de los jóvenes investigadores españoles puede emigrar al extranjero en 2015. Esto es terrible, no podemos permitir que un país como el nuestro que tiene mucho de lo que presumir, deje escapar fuera recursos tan importantes como estos, hay que apostar por el futuro, por todo ese talento desperdiciado que por la nefasta y abandonada gestión política ha obligado a emigrar a científicos, ingenieros, médicos.... Tengo muy claro que hay que pasar por un método de conversión y reciclaje, es hora de decidirnos por designar nuevas responsabilidades a personas que nos den la oportunidad de conocerlas y que hagan de la tecnocracía un nuevo mecanismo de resolución y mejoras de todo el estado español. Hay que apostar por la gente que sabe, démosles puestos de responsabilidad donde puedan trabajar con total independencia, y demostrar que se pueden hacer las cosas bien y lo que es mejor, en nuestro país.

Hay que diferenciar también lo que representa ser trabajador y legislador, ambas figuras tienen que estar ahí trabajando de forma permanente y con total neutralidad. ¿Que es eso de trabajar partiendo si es de izquierdas o derechas? Que comportamiento más ridículo, retrógrado, absurdo y estúpido. Trabajemos de una vez ya como personas y no como personajes de una obra que ya no hace gracia ni tiene apenas público, apostemos por un cambio radical de actitud, y seamos por fin coherentes y sensatos con lo que queremos. Reduzcamos el campo de visión y consigamos centrarnos en "lo que queremos" y "como lo queremos", y olvidemos el "según como pensemos".

A raíz de todo esto ahora planteo la siguiente pregunta, ¿Puede la tecnocracia llegar a sustituir a la Democracia? Bajo mi punto de vista no, son dos cosas que pueden convivir muy bien, pero si que considero de una trascendencia importante que los gobiernos -como el nuestro que es el que más nos preocupa- cambien el chip y dejen paso a los expertos, a los que conocen los problemas y saben con certeza y sin "creos" lo que hay que hacer para corregir, mejorar y plantear nuevas metas. Además, en la etapa actual todavía de crisis, creo que es un elemento que haría mucho más bien que mal como parte del sistema democrático al que pertenecemos. Yo sinceramente prefiero un Ministerio de Defensa dirigido por un General que ha estado en Afganistán o un Piloto de Combate que por alguien que lo único que sabe de defensa son los bífidus de los yogures, prefiero también como Ministro de Sanidad a un cirujano reconocido, un director de hospital o un anestesista antes que a otra persona que la han puesto ahí de cualquier manera por el simple hecho de tener una ideología compartida. Lo que propongo para España no es algo nuevo ni de una mente retorcida, es simplemente adoptar una visión real y positiva de un medio para poder llegar a la coherencia y efectividad de un país, de desarrollar una nueva forma de gobierno basada en la creencia, la experiencia y en el trabajo bien hecho. Es amplio el caso de países europeos que han aplicado la tecnocracia a sus "políticas", a su forma de dirigir el destino de sus ciudadanos. En los años cincuenta, para Jean Monnet -un importante hombre de negocios y banquero-, *"el crecimiento es algo que necesita especialización y no partidos políticos"*. Holanda es un país que en ocasiones a recurrido a tecnócratas para que actúen como puente de negociación entre gobiernos o empresarios, Bélgica es una plataforma también de este tipo de figuras alternativas a los políticos, que ya sea por eso o no, ha conseguido soportar bastante bien la crisis. Asimismo, en los antiguos estados comunistas de Europa Central y del este fueron elementos clave del proceso de negociación para pasar de un régimen autoritario hacía una democracia. Puestos de responsabilidad para gente responsable, ese es mi dictamen.

España ha perdido valores, es un hecho más que comprobado y del que somos testigos todos y cada uno de nosotros, los políticos han convertido la política en el arte de la manipulación y con ella disparan a diestro y siniestro sus maléficas estratégicas de contaminación ideológica para que confiemos en ellos o más bien, en lo que ellos creen y como lo creen, sin tener en cuenta la razón y el carácter humano que también a ellos les define y el cual se lo pasan por el forro. Ya es hora que se quiten la careta y pasen de ser personajes a personas, desde aquí les invito a que lo hagan porque creo que ellos también se merecen lo mejor pero desde el punto de vista de órganos gestores y no políticos. Creo que por el bien de todos es el paso a dar, acercarse a la gente y trabajar por y para ella. Es fundamental coger las riendas firmemente, cambiar el rol y apostar por otras fórmulas de gestión, arriesgadas quizás si, pero que marquen un firme propósito de mejora y una alternativa llena de esperanza y cambio. Pero seamos sinceros, el político no es benévolo sino maléfico, su estrategia consiste en el engaño y en la introducción de los ciudadanos a su patrón ideológico y a formar parte de la secta a la que pertenecen. Es por ello por lo que es de especial trascendencia la transición de un gobierno político a un gobierno tecnócrata, hay que creer en hechos y no en fundamentos ideológicos partidistas que no llevan a ningún sitio más que a la ofuscación y el aislamiento de la población, provocando fisuras y una inevitable segmentación. No se se trata de dividir sino de unir, todos bajo el mismo manto y formando parte de un mismo ente.

Es hora de cambiar hacia una forma de gobierno basada en hechos, en experiencia, en trabajo. Este cambio no sería el único en Europa, ha habido países que en su momento decidieron adoptar nuevos modelos de gestión. En su momento, Italia tuvo gobiernos técnicos como es el caso de Carlo Ciampi en los 90 cuyos métodos resultaron ser eficaces, y que pese a las diversas manifestaciones originadas, salió una encuesta del Instituto Piepoli para La Stampa. que revelaba que el apoyo popular a Monti era del 73%. Para mi este tipo de datos son indicadores de una voluntad social de cambio, de huir de viejos convencionalismos y abrir los brazos a otras formas de gobierno que resalten más la importancia de una lucha por el bien común de la gente a través de hechos y no de políticas. Hay muchos factores que diferencian la labor que pueden emprender políticos y tecnócratas, pero quizás la que más marca bajo mi punto de vista esa distinción es el de la inteligencia. Hay listos y listos, los hay que lo son porque son y actúan como tal y otros que se lo quieren hacer aprovechándose de las circunstancias y el bien ajeno, de estos últimos es de los que hay que huir, de los otros es de los que hay presumir.

Y para dotar de notable importancia a la figura del que defiende la experiencia contra el que defiende la ideología, hay que destacar la principal característica que define a los primeros: la gestión. Esa es la clave de todo este asunto, gestionar, o lo que es lo mismo, trabajar. Ahora mismo lo que tenemos en España es un gobierno político que es a lo que aspiran también el resto de formaciones valiéndose de estrategias de estudiada seducción para captar votos, y llevar a cabo las maniobras políticas que a ellos les convienen y que por mucho que digan, representan solo a un sector de la población, a sus votantes. Un gobierno tecnócrata es un gobierno "de gestión" cuya labor es gestionar, trabajar, llevar a cabo su trabajo de una manera neutra y eficaz como si de una empresa se tratara. En un puesto de trabajo normal, como pueda ser un administrativo o un personal de limpieza por ejemplo, no se desarrolla una labor porque se sienta inspirado ideológicamente, se limita a trabajar lo que tiene que hacer y de la manera que tiene que hacer porque es así y ya está, ahí no hay convencionalismos ninguno, o sea hace el trabajo bien o no se hace. En este caso es igual, un gobierno serio tiene que ser enemigo de creencias estúpidas y ambiguas que no sirven para nada, y que lo único que hacen es convertirnos en unos completos ignorantes y degradarnos como personas.

Las personas tenemos muchas cosas, muchos valores internos de los que presumir y que si los exprimimos bien podemos conseguir grandes cosas. ¿Por que ampararnos en una creencia ideológica estúpida que como digo, no sirve absolutamente para nada más que para gilipollizarnos? Que pena, se podrían hacer las cosas mucho mejor de lo que se hacen si el político estuviera siempre en un segundo plano, y dejaran las fotos y los reconocimientos a la gente realmente honesta y trabajadora. El político es una figura corrupta, lo ha sido siempre y lo seguirá siendo porque viene en su propia naturaleza. El ejercicio de la política se está convirtiendo en un arma de destrucción masiva peor que la que Bush pensaba que tenía Iraq, que a no ser que alguien con una varita mágica la reconvierta en algo bueno para la sociedad a día de hoy es un foco de infección del cual todos tenemos que alejarnos.

Gestionar un país es una labor mucho más compleja de la que algunos nos quieren hacer ver, es de primer orden cumplir a rajatabla con su definición, no es un concepto del que se puedan sacar varias interpretaciones. Esta labor lleva consigo el principio de la responsabilidad para y por la comunidad a la que se debe, y por lo tanto a su vez arrastra otros conceptos como la lealtad, trabajo, cercanía... que no pueden ser omitidos y que tienen que ser tratados como si fuera la Biblia. Los políticos nos tratan a todos como gilipollas dirigiendo sus palabrerías tranquilizadoras a la ya hartada población garantizando una mejora global de las condiciones, pero eso no deja de ser una cortina de humo, pues cuando han conseguido su objetivo, como ya nos tienen cogidos por los cataplines ya no nos sueltan más que cuando a ellos les conviene. Ese es el trato que la clase que tenemos ahora dirigiendo nuestras cabezas nos proporciona, un abuso y un cachondeo que para ellos es un juego y una forma de aspirar y crecer profesionalmente a costa de la gente, la política es una forma de engaño cada vez más corrupta y eficaz que hace añicos todo aquello que afecta directamente a la calidad de vida de la gente sin importarles un carajo lo que piensan, ni como afectará a generaciones futuras.

El concepto de gestión los políticos lo desconocen o más bien, lo interpretan como les da la gana. Para ellos gestionar adquiere otro significado que va más allá del concepto universal ya que tienen una visión muy diferente de como se tienen que hacer las cosas, y todo ello discurre siempre por el mismo camino, por el ideológico. Yo no veo el día que por fin este concepto, y el de "política", desaparezca de la faz de la tierra como si de una enfermedad mortal se tratará. Tenemos un problema muy serio que hay que erradicar desde la raíz y para ello no basta con cambiar lo que hay ahora sino cambiar lo que habrá mañana, a través de métodos educativos que limpien la mentalidad de la gente y vean la política como uno de los grandes males de la humanidad.

Hace falta concienciar que la política es ahora mismo un germen que si ya de por si es infeccioso y malicioso, siembra las bases para que en el futuro se siga aplicando de la misma manera, porque se ha convertido en un mecanismo perfecto de manipulación con el que nos intentan lavar el cerebro y una invitación a pensar como ellos. Si dependiera de mi y tuviera poder para hacerlo tengo claro que lo primero que haría seria erradicar y condenar todo acto político que pretenda dirigir la vida de la gente. ¿Quieres ser político? Vale colega, pues juega a eso con tus amigos o en tu entorno como si de una partida de cartas se tratara, pero como medio para alcanzar el poder y el control sobre los demás como que no, pero ya que no podemos librarnos de esta maldita lacra al menos consigamos que su labor cambie y se limite a legislar y a actuar como "secretarios" de los tecnócratas y sobre todo y ante todo, a que se den cuenta de una puta vez que su labor es la de servir a los intereses de los ciudadanos y no a la de ellos mismos. Es más, ya sea tecnócrata o político me da igual, hay un compromiso que tendría que ser firmado por escrito en el momento de jura del cargo en el que se especifique que si atenta con las obligaciones adquiridas y con la responsabilidad y compromisos que establece su cargo, sea susceptible de sanción económica y baja automática de su cargo. Seamos serios de una vez, es un país muy hermoso el nuestro y tenemos que cuidarlo, y para ello hay que ser muy selectivos en la forma de a quien le otorgamos esa responsabilidad, no podemos dársela al primer menda que pone una sonrisa en un cartel o nos dice que todo va a ir bien bla bla, tiene que dar al ciudadano una carta de compromisos y ofertas, que previamente han tenido que estudiar con sus asesores en los que expongan lo que quieren hacer, como van a hacerlo, con que recursos y en cuanto tiempo, y para eso da igual que sean técnicos o políticos -aunque yo me apoyo en los primeros- ya que lo fundamental de todo es la confianza y que sepamos y "conozcamos" de forma cercana a aquel o aquellos que aspiran a representarnos, y para ello y ante todo hay que demostrar que se tienen aptitudes para gestionar. La base de toda gestión comprende varios puntos como son el de la planificación, trabajo y control para garantizar el éxito de los objetivos previstos, y para ello hay que aprender a distribuir con eficiencia los diferentes recursos que tenemos en nuestras manos, jugar con ellos con honradez e ilusión, y sobre todo ser leal a unos principios básicos que garanticen la neutralidad de la "persona" y no del "personaje".

La crisis de 2008 provocó que en Europa se empezara a tomar en serio la sustitución de puestos políticos por otros de carácter más técnico y más ajeno a las convicciones de aquellos, que adoptan como misión hallar soluciones fiables y eficaces por encima de otros planteamientos ideológicos o políticos. Un puesto de responsabilidad solo puede ser ocupado por gente preparada y experimentada para ello y que no forman parte de ningún partido político, tienen además la tranquilidad de que la aplicación de sus reformas no va a llevar consigo su participación en unas elecciones democráticas ya que son ajenas a todo ello. Muchos de los políticos no solo de España sino del resto de países del mundo, no llegan precisamente al poder porque estén preparados para ello y eso es lo que hay que evitar estableciendo gobiernos tecnócratas donde impere una forma efectiva de tratar y "gestionar" a un país como el nuestro.

Grecia e Italia son dos ejemplos que en su momento decidieron darle a relevo a personas preparadas y comprometidas con una correcta gestión -totalmente contraria a la corriente actual-. El exvicepresidente del Banco Central Europeo y exgobernador del Banco Central griego, Lucas Papademos, el 11 de Noviembre de 2011 tomó posesión de primer ministro de Grecia en sustitución de Yorgos Papandreu. Estudió Ciencias Físicas, Ingeniería y Económicas en el Instituto Tecnológico de Massachusetts, también ha enseñado Economía en la Universidad de Columbia de Nueva York y ocupó un alto cargo en el departamento de Economía de la Reserva Federal en Boston. Silvio Berlusconi dimitió de su cargo de Primer Ministro Italiano el 12 de Noviembre de 2011, después de las enormes presiones que recibia tanto de dentro como de fuera de Italia. El sustituto sería Mario Monti -el cual ya he nombrado anteriormente- que cursó estudios de Economía en la Universidad Bocconi de Milán y en la Universidad de Yale en Estados Unidos, trabajó como profesor de Economía en la Universidad de Turín, y fue rector en 1984 de la Universidad Bocconi. Anteriormente, en 1994, se convirtió en

Comisario Europeo de Mercado Interior y Servicios y años más tarde en 1999, se hizo cargo de la cartera comunitaria de Competencia. Ambos perfiles son muy interesantes en cuanto a experiencia y preparación, y aunque supone una valiente apuesta por un aire nuevo, es cierto que no aseguran la resolución de los problemas de un país, pero sin embargo demuestran la inutilidad de los políticos para conseguir cambios.

Queremos tecnócratas vale, pero... ¿Como los elegimos? Como he dicho antes, este concepto de gobierno no tiene porqué estar reñido con la democracia, es más, tiene que formar un ente común desde el que funcionar. No hay que irse muchos años atrás para encontrarnos ejemplos de tecnócratas dirigiendo el rumbo de un país en Latinoamérica a finales de los 80 - principios de los 90 como es el caso de Argentina. Lo que más caracteriza a esta zona del mundo con Europa es que aquellos fueron elegidos en las urnas de forma democrática, y esta es una tendencia que se tiene que aplicar de forma global porque un tecnócrata por el hecho de serlo no quiere decir que esté exento de control y conocimiento por parte de la ciudadanía, tiene que ponerse igualmente en manos del ciudadano, acercarse a él y que le conozcamos, y una vez que nos convence entonces votarlo. Cambiar el contenido pero no el continente.

El tecnócrata tiene una doble responsabilidad ya que además de planificar tiene el rol del asesorar aunque se rodee de ayudantes que le faciliten esa labor, su nivel de conocimiento tiene que ser tal que disminuya la cantidad de los mismos. Un alcalde de una localidad, un director provincial o incluso el mismo presidente del Gobierno, tiene una serie de deberes que tiene que cumplir apoyándose en personal de confianza, pero no es ni medio normal que se extralimite el número de estos y más cuando la situación económica no es la que debería ser. Ahora mismo cualquier mandatario tiene un séquito tan grande de asesores que si sumamos todo lo que cobran seguro que se podrían solucionar muchos problemas que requieren una inyección económica. Un político no quiere verse perjudicado por sus ambiciones y por eso va a pretender que sea el ciudadano el que se apriete el cinturón mientras ellos con la ventaja de estar en el poder, moverán los hilos necesarios para que no les perjudique.

En un mundo como el nuestro en el que la política son como los chinos, que están por todas partes, ya que tienen que convivir con nosotros al menos que haya una correcta distribución de los mismos en concordancia con sus responsabilidades, y para eso hace falta una reestructuración que evite excedentes, los cuales podrían reducirse perfectamente seleccionando a personal específico y preparado para la misión encomendada, y no metiendo al vecino o al primo de turno. En España hay más de 8000 ayuntamientos que suman casi 70000 concejales, y si se redujeran estos números se podría ahorrar muchísimo dinero que podría ser utilizado para otros fines que no fueran el lucrativo personal para alimentar la ambición política. Y luego nos vienen diciendo que sube el recibo de la luz, que el IVA también sube, las pensiones y sueldos de los funcionarios se congelan... cuando se podría reducir mucho más y ahorrar más reorganizando las instituciones y obligando a adoptar medidas que eviten la salida y entrada ilegal de dinero publico.

Mientras todo esto esté en manos de los cachondos de los políticos, seguiremos caminando a marcha lenta en mitad del desierto sin nadie que nos sepa guiar correctamente y que intente aprovecharse de nosotros. Hay un excedente de puestos políticos, que en números supone más de 250 millones de euros en concepto de retribuciones de alcaldes y concejales al año, si a eso le añadimos lo correspondiente a los asesores y otros tipos de personal, nos metemos ya los 300 millones de euros. Y llegado aquí me pregunto... ¿Todo este dinero para qué? ¿Quién controla todo este gasto en recursos humanos? La respuesta es nadie. Vivimos en un mundo politizado en el que lo único que importa es mantener al ciudadano contento con "cositas" que aunque sea de forma provisional le mantenga distraído de otras cosas mientras los listos de turno se enriquecen adjudicando permisos de obras irregulares, metiendo a trabajar a familiares en puestos de responsabilidad sin haberse preparado para ello, utilizando dinero público para fines personales... Es como una mafia, todo se puede "comprar" incluida la ilusión de la gente, no importa nada eso, solo importa que los que estén arriba no acaben abajo y los que están abajo no suban nunca arriba. Como no cambie esto la balanza nunca se equilibrará, y la solución pasa por reformar de una forma brutal todo absolutamente, hacer una limpieza a fondo de todo aquello susceptible de infección y maldad política. Si decidimos permitir que continue la labor política vale, pero entonces exijamos un lavado de cara, y seamos nosotros los que dictaminemos las pautas de como que queremos que se hagan las cosas a través de gente preparada y entregada a su labor, a personas que creen en lo que hacen y tienen una experiencia contrastada que más allá de imperialismos ideológicos, centran su pleno interés en conseguir que España sea lo que fue en su momento. Hagámoslo así y triunfaremos.

No es mucho pedir todo esto, solo hace falta voluntad y una enorme dosis de valentía para sacar a este país adelante, porque mientras la política y sus instrumentos no cambien y nos dejemos llevar por las falsas promesas, los patéticos signos de confianza en las campañas electorales, las sonrisas en los cartelitos de los aspirantes a un cargo público o lo que sea, difícilmente conseguiremos nuestro objetivo común, difícilmente conseguiremos creer de nuevo. Hay que cambiar, y no el ciudadano decidiendo si vota al partido A o al B, tiene que cambiar la forma de gobernar. Yo apuesto por un gobierno técnico, sabio y comprometido por los demás, creo que en el crecimiento de un país que merece estar más arriba de donde está ahora, creo en un proceso en el que la figura del político desaparezca o por lo menos se quede en un segundo o tercer plano, creo en unas figuras representativas de un país que miren más allá de sus propios intereses partidistas, y busquen la devoción real por sacar a un país como el nuestro a flote. Hay que dar con la clave, encontrar los mecanismos óptimos para volver a poner el turbo y conseguir la aceleración económica y el crecimiento objetivo, y para ello se necesitan creyentes y no "idealistas". Tecnócratas o políticos, yo apuesto por los primeros, pero mientras se trabaje por y para la gente, sean lo que sean, en el fondo es lo de menos.

Para finalizar el capítulo hago una matización. Yo firmo ahora por un cambio de gobierno en el que los técnicos y científicos sean los que tomen las decisiones -siempre fundamentados por supuesto en las necesidades de la gente- sobre lo que es lo mejor para España, pero si se decide seguir apostando por los políticos exijamos un cambio en sus cartas de presentación, hay que obligarlos a ganarse esa confianza y para eso tenemos que exigirles "cartas de recomendación" en la cual veamos de manera certera y directa que esa persona es lo que dice que es y que no más allá de la ideología a la que pertenece hay una persona que es la que va a intentar quitarle protagonismo al personaje, el que va a luchar por los ciudadanos de verdad, sin fisuras y sin argumentos vacíos, que va a hablar siempre claro, sin "creos" y de una manera firme y convencida. Es por ello por lo que invito a todos a que seamos más exigentes con nuestros gobernantes, tenemos que ser claros en lo que queremos pensando siempre en términos reales y no utópicos, dejémonos de tonterías de si eres de izquierdas o derechas, si eres un rojo o un facha, todo esto es de una inmadurez y de un anclaje en el pasado absurdo que no tiene ni fundamento ni cabida en un mundo que se supone moderno. Seamos sensatos, pensemos y actuemos como personas del siglo XXI dejando atrás convencionalismos arcaicos y estúpidos, abramos las puertas a una nueva visión de la vida en la que todos somos uno y todos luchamos para todos, solo de esa manera conseguiremos hacer crecer al país, hay que hinchar el globo del crecimiento y no sabotearlo con pensamientos y formas de actuar que dividen y no unen. Hay que separar loo bueno de lo malo, y para ello tenemos que saber, tenemos que conocer, tenemos que entender y apostar por personas humanas que saben y quieren separar ya sean políticos o tecnócratas, pero que de una vez por todas se tomen esto en serio porque es algo que nos afecta a todos, y porque como dijo aquel: *"este país merece la pena"*.

CAPITULO 7
Conclusiones

De todo lo narrado a lo largo del libro, podemos sacar varias conclusiones. Este es un país de pillos que con los años se ha ido acentuando más y que se ha convertido en un nicho de víboras que están siempre en permanente búsqueda de una presa que llevarse a la boca, y les da igual si es uno de sus semejantes u otro tipo de criatura, la cuestión es tenderle una trampa y cuando esta al alcance entonces dar el bocado mortal. Ahora mismo lo que abunda en España es eso, y no solo en el ámbito político sino también en otros como el empresarial o el deportivo donde impera en la mayoría de los casos un componente político que es el que acaba corrompiendo todo aquello a la que le hinca el diente. La política tiene que tener limitadas sus competencias y una renovada redistribución de sus directrices para evitar que intente acaparar más terreno del que le corresponde, hay que marcar normas de actuación en todos los ámbitos incluidos los económicos que son los que afectan a la economía del país. Para recuperar el estatus social hay que tomar cartas en el asunto de manera seria y sin dudas atacando todo aquello que nos embarra y nos hunde en la más completa de las miserias. Para ello la solución no está en pedirle más dinero al ciudadano manteniendo los niveles salariales de hace 10 años, está en obligar a través de todos los medios a alcance de las instituciones y la justicia a que los ladrones devuelvan su dinero, que a los representantes políticos y sindicales se les corte el grifo y no tengan los lujos que tienen ahora, se tienen que suprimir las diputaciones provinciales, el excedente de puestos -asesores, concejales, consejeros...-, reducir los coches oficiales, quitarles los iPADs a los diputados, obligar a todo aquel que aspira a un cargo político a firmar un acta en el que se compromete a abandonar y a pagar una sanción en el caso de que no cumpla con los objetivos que tanto él como su partido marquen, en ser humano con los demás y atender a las necesidades de la gente, ser honesto, eficaz y honrado con respecto a sus ideales morales y no políticos, a actuar con justicia, ser cercano con la gente, no darse aires de superioridad como ahora hacen todos sino ser más humilde y dejar siempre la puerta abierta al ciudadano, no actuar con hipocresía y malas praxis engañando al ciudadano con argumentos vanos que no tienen sentido alguno, dejar de hacerse el guays cuando son unicamente trabajadores al servicio de la gente, tienen que servir a la que dictamos nosotros y no a lo que ellos creen que tienen que hacer, no tienen que mentir diciendo que la gente necesita esto o lo otro cuando ni siquiera se les ha preguntado, no se las tienen que dar de listos porque ni lo son ni están en disposición de serlo cuando lo único que buscan es lo mejor para ellos y para sus votantes cuando lo que representan -y eso parece que se les ha olvidado- es al conjunto total de los ciudadanos sean cercanos a sus ideales o no. Esto no es una lucha de a ver quien puede más, si el de izquierdas o de derechas, esto tiene que ser un frente común en el que estén representados lo mejor de todos los bandos creando sinergias eficaces y conjuntas que creen programas de gestión o políticas, depende del caso, pero que en cualquier caso se fusionen y se consoliden de una manera correcta y que no haya diferencias entre ellas.

Ya está bien de que los políticos actúen como reyes magos ante la gente, no tienen ninguna varita mágica con la que como decía Christina Rosenvinge en una canción, "hacer zas y aparezco a tu lado". Me enerva ver como piensan que ellos y la política como instrumento nos hacen creer que van a preocuparse de nosotros, con la excusa de que se acercan a la gente en las calles y les escuchan, estos les piden y los políticos diciéndoles que confíen -mejor dicho, que confiemos- en ellos cuando en el fondo no son más que una panda de aprovechados que actúen como comerciales sociales, y que lo único que buscan es el voto de la gente para obtener sus propias aspiraciones políticas y personales. Que vergüenza, de verdad. No entiendo como todavía en el mundo en el que vivimos somos tan ciegos -por no decir otra palabra- de no ver que todos estos personajes son una panda de embaucadores y que a menos que los ciudadanos actuemos con sentido común, hagamos un estudio preciso de los que quieren gobernarnos sea cual sea el ámbito y sobre todo exijamos a través de compromisos por escrito avalados por los órganos competentes, que lo que prometen lo cumplen y que no están ahí para el enriquecimiento personal, y si es así, multa y a la cárcel. Ya vale de tonterías hombre, o le echamos dos narices o seguiremos siendo la marioneta del sistema.

Entre todos hay que luchar por todos los males que azotan nuestra sociedad, todos aquellos maleantes y ladrones que vemos en los medios que salen como cucarachas de un agujero, tienen que ser condenados y obligados a devolver la totalidad del dinero ya esté en Suiza o en la Conchinchina. Hay que abrir acuerdos de colaboración con otros países para evitar la fuga de capital, así como asegurar el pleno cumplimiento de las condenas y la garantía -ya se vería como se hace- de que tales hechos no vuelven a pasar. Tenemos que ser un país valiente y que sea respetado y temido a la vez tanto por los que quieren hacer daño desde dentro como desde fuera, hay que imponerse y ser hijos de puta con aquellos que nos quieren tomar por el pito del sereno, inflexibles en nuestra labor de justicia y defensores de unos valores éticos y morales de una fortaleza inquebrantable. Hay que modificar toda aquella normativa que está hecha para favorecer a los ricos y debilitar a los pobres, basta ya de hipocresía cuando se representa deportivamente a un país y por otro lado se establece residencias en Andorra o Luxemburgo para evitar el fisco, y planteemos normas para evitar esta tomadura de pelo, basta ya de los bancos que abusan de los ahorradores, basta ya de robar, de consentir que personajillos se aprovechen de sus cargos para intentar sacar beneficios lucrativos utilizando para ello sociedades sin ánimo de lucro, basta ya de ese juego de tonto el último que tanto caracteriza a este país, tenemos que hacernos oír de forma eficiente y no con manifestaciones que no sirven para nada, que pongan al servicio del ciudadano herramientas informáticas a través de las cuales se les haga llegar lo que quiere la gente y con eso tomar decisiones, basta ya de ser anárquicos del poder y hacer lo que a uno se le antoja, basta ya de los intentos de segmentación de país a través de pensamientos nacionalistas que intentan convertir en nación lo que no es, basta ya de decir que te quieres independizar y cuando lo haces sigues yendo a casa de tus padres a desayunar, comer y cenar, ¿Que es esto, un mundo de locos? Si pensamos que esto es así ya podemos irnos del país, porque la locura no congenia con el raciocinio y si estos dos frentes se enfrentan es porque entonces hay un desequilibrio brutal en el país que tarde o temprano acabará por terminar de hundirnos.

Mientras tengamos a dirigentes locales, regionales, autonómicos o estatales que vean su posición no como una putada -que es como deberían verlo- sino como un ambicioso reto para conseguir escalar posiciones a nivel profesionales, entonces es que claramente nos estamos equivocando a la hora de confiar en ellos. La responsabilidad que conlleva dirigir una comunidad ya sea grande o pequeña, implica mucho trabajo y estrés, no creo que a nadie le guste ser el presidente de una comunidad de vecinos, y sin embargo si te toca tienes que cumplir con lo que concierne al edificio, pues es en este caso es igual pero a una escala aún mayor, por lo que creo que en el momento que alguien es designado para un puesto lo primero de todo es pensar en el enorme peso que eso tiene y la gran obra faraónica que tiene que llevar a cabo, un ejercicio de responsabilidad democrática y técnica que cumpla con las expectativas que se esperan. Si esto no funciona es entonces cuando entra la figura de los técnicos o científicos de ideología neutra, es decir los tecnócratas, que no anteponen su forma de pensar al tomar un tipo de decisión u otra, sino a hechos y a la experiencia. Los políticos tienen que ser los segundos de abordo, y aquellos los primeros siempre cogidos de la mano de los ciudadanos que son los que realmente mandan, no lo olvidemos. No permitamos que se cachondee de nosotros la clase política, no queremos expertos en palabras sino expertos en hechos, y por eso los políticos no sirven para llevar un país, porque sus palabras corren más rápido que sus actos, son expertos en la manipulación verbal y en calentarle la oreja a la gente con opiniones que no van a ningún sitio más que a sus creencias y a sus bolsillos, nos intentan convencer de cosas que no están contrastadas e intentan jugar a las adivinanzas alardeando de que en unos meses o en unos años todo irá mejor, cuando ni siquiera con la cantidad de ayudantes que tienen consiguen llevar a cabo ni la mitad de lo que se proponen, ¿Por qué? Por su arcaico pensamiento y su escasa maniobra de acción, por una mezcla quizás de estupidez e ingenuidad, por su falta clara de preparación, y por la ausencia de conciencia social, por dejarse llevar por su propio egoísmo y no por los intereses generales, por tantas cosas que sería hasta trágico resumir porque minaría quizás más la moral aún si cabe de todos nosotros.

Terminando, hay que construir entre todos un nuevo estado de bienestar de la mano de gente preparada que sea honesta, y que vea el ejercicio de la política como algo infame que hay que evitar, regulando su ejercicio con dureza y especial responsabilidad para que quien no cumpla sea sancionado. Tenemos un país que tiene mucho que decir aún, y que lamentablemente tiene las manos y la boca sellada porque nos así quieren los de arriba, así que es hora de romper las ataduras, coger a todos los personajes por el pescuezo, y decirles a la cara que basta ya de chorradas y de esa mentalidad de garbanzo, y o trabajas o a la puta calle. Hay que ser firmes o te pisotean, y creo que ya hemos recibido demasiados pisotones como para que encima nos hundan más en el fango. Realmente hacer esto es fácil, si no funciona una herramienta cogemos otra, y si carece de ideología mucho mejor, porque eso es al fin y al cabo lo que envenena nuestras mentes y nuestra propia persona. Cambiemos esto y dejaremos de ser la presa fácil de todas esas víboras, cambiemos eso y triunfaremos.

"Ningún hombre es lo bastante bueno para gobernar a otros sin su consentimiento."
Abraham Lincoln (1809-1865) Político norteamericano

"La política saca a flote lo peor del ser humano."
Mario Vargas Llosa (1936-) Escritor peruano

"Como los políticos nunca creen lo que dicen, se sorprenden cuando alguien sí lo cree."
Charles de Gaulle (1890-1970) Político francés